2024年法改正 対応版

相続税を払う奴はバカ!

元国税調査官
大村大次郎

ビジネス社

はじめに

「相続税を払うやつはバカ」

などというタイトルは不謹慎だと思われる方もいるかもしれない。

税金を払うことは、国民の義務である。

筆者ももちろん、そんなことは知っている。

が、それは、「税制が公平に機能している」ということが大前提なはずである。

現在の税制は、公平とは到底言いがたい。

特に相続税はそうである。

というのも、大金持ちのほとんどはまともに相続税を払っていないのである。

何十億、何百億円の遺産をもらっている大企業の創業者や、大地主、大投資家などの遺族は、あの手この手を使って相続税を逃れている。

現在の税法では、相続税の最高税率は55％である。しかし、55％の税金を納めている大金持ちなどほとんどおらず、10％も納めていない者ばかりなのである。

平成27年に相続税法が大幅に改正され、それまで最低でも6000万円以上の遺産がないと課せられていなかった相続税が、3600万円以上の遺産があれば発生する可能性が出てきた。

3600万円というと、普通に家やマンションをもっていれば、課税対象になってしまうレベルである。税務当局は大金持ちからなかなか相続税を取れないので、課税対象を庶民にまで広げて、税収をあげようという魂胆なのである。

もちろん、われわれ庶民から見れば、こんなバカバカしいことはない。

相続税というのは、本来、大富豪の資産を社会に還元するためにつくられたものである。そうすることで、税収をあげるとともに、貧富の差を解消しようという目的があった。

大富豪から相続税を取れないので、庶民に相続税を課すというのは、本末転倒も甚だしい。

だから、われわれ庶民は、なんとしても相続税を払うような愚を避けるべきである。

本書では、大富豪たちの相続税逃れの実態をつまびらかにすることで、庶民の相続税対策に役立ててもらいたい、ということを目的としている。

決して誤解のなきよう、お願いしたい。

第1章　抜け穴だらけの相続税

第2章 タックスヘイブンというブラックホール

第3章 なぜ高級マンションは節税アイテムなのか？

第4章 社団法人、生命保険、養子…多様な逃税スキーム

第5章　社長の子供が社長になれる理由

第6章 地主とプライベート・カンパニー

第7章　小金持ちのための相続税対策

第8章　金持ちも得になる「富裕税」とは？

本書は2018年に小社より刊行された『相続税を払う奴はバカ！』の新しい税制に対応した改訂版である。

第1章

抜け穴だらけの相続税

金持ちは本当に相続税を払っていない

「はじめに」で、筆者は「金持ちは相続税をほとんど払っていない」「だから相続税を払うなんてバカバカしい」ということを述べた。

が、筆者がいくら「金持ちは相続税を払っていない」と主張したところで、信じない人も多いはずだ。

「払っていないのは一部の人だけ」
「たいていの人はきちんと払っているはず」

良識のある読者は、そう思われるはずだ。

日本人の勤労者の大半を占めるサラリーマンは、税金をきちんと払っている。そういう方々からすれば、税金をきちんと払うのは当たり前であり、税金を逃れるなんてあり得ない話だろう。

そういう方々に、「金持ちの悪事」の証明をするために、データを示したい。

次ページにある表が、昨今の相続税の税収である。

このように相続税の税収というのは、だいたい2兆円~3兆円で推移しているわけだ。

昨今の相続税の税収

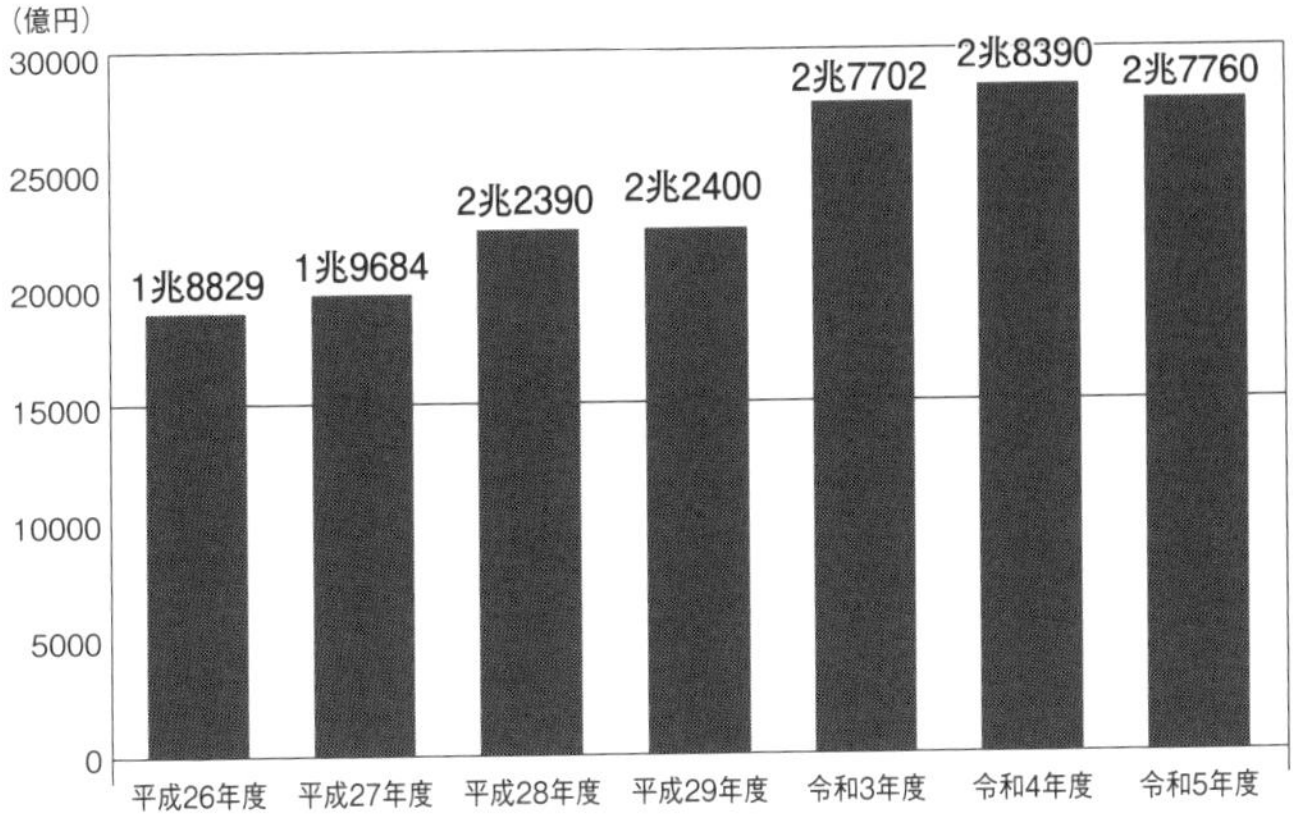

これは、この数十年間変わらない。

一方で、毎年、資産家が死亡して発生する「遺産」というものはどのくらいの額だろうか?

各金融機関のデータなどから昨今、毎年、死亡する人の「遺産」は、少なくとも年間50兆円程度だと推計されている。

しかし、前述したように相続税の税収は、この20年ほどだいたい2兆円〜3兆円で推移している。

遺産50兆円のうち、相続税として徴収されている額は2兆円〜3兆円、つまり、日本全体の遺産に対してたったの4〜6%しか相続税が納付されていないということなのだ。

遺産の96%は、そのまま遺族に引き継がれているわけである。

現在、相続税の最高税率は55％である（6億円超の遺産をもらった場合）。

税率55％というと、遺産の半分以上を取られるわけであり、可哀そうな気がしないでもない。だから、**「相続税は高すぎる」**として批判する経済評論家などもけっこういる。

が、現実は、55％の最高税率を払っている人などは、ほとんどいないわけだ。

なぜこのような不自然なことが起きているのかというと、金持ちたちは相続税の抜け穴を突いて、まともに払っていないからなのだ。何十億円、何百億円の遺産をもらっているのに、さまざまな方法を駆使して、ほとんど税金を払っていないような人も多々いるのだ。

だからこそ、貧富の格差が深刻化しているわけであり、税収も上がらないのだ。

これから紹介するように、相続税に関しては抜け穴がたくさんある。

社団法人を使った逃税術、生命保険を使った逃税術、タックスヘイブンを使った逃税術など、金持ちが相続税を逃れる術は数多くある。


「本当の金持ちがきちんと相続税を払っていない」


だから、遺産に対してたったの4％の相続税しか徴収できていないのだ。

せめて遺産の30％程度の相続税を徴収しないことには、貧富の差は広がるばかりだと思われる。金持ちの遺族というのは、自分は何もしないで、何十億円、何百億円もの遺産を手にするのである。30％くらいの税金を払ってもバチは当たらないはずなのだ。その税金を払ったとしても、一般の人が一生手にすることができないような莫大な遺産が残るのだから。

この相続税の抜け穴問題が解消されない限り、日本の格差問題は深刻化するばかりと思われる。

相続税がかかるかかかからないくらいの庶民、小金持ちは相続税を払う必要などまったくないといえるだろう。

なぜ相続税の課税漏れは減っているのか？

ところで、昨今、**「相続税の課税漏れ」**は減っているのである。「課税漏れ」というのは、本来、申告しなければならない納税額よりも、少ない金額でしか納税されていなかったため、追徴課税されたものである。

つまりは、税務署が指摘する「申告ミス」や「脱税」が減っているということである。

かつて次のような記事がネットで配信されたので、まず読んでみてほしい。


遺産相続申告漏れ３００４億円（sankei biz ２０１６年11月11日配信）

国税庁は10日、今年6月までの1年間（2015事務年度）に全国の国税局が実施した遺産相続の税務調査の結果、申告漏れ総額は3004億円（14事務年度比8・8％減）、件数は9761件（3・8％減）だったと発表した。1万1935件を調べた結果。

申告漏れ相続財産の構成は最多の現金・預貯金などが35・2％。土地が13・9％、有価証券が12・4％だった。加算税を含む追徴税額は583億円。相続財産が海外にあるケース、相続人や被相続人が海外に居住しているケースに限れば15事務年度の申告漏れ総額は47億円、件数は117件だった。859件を調べた。

相続税の申告漏れが3004億円というと、かなり大きな金額のような気もするが、実は日本の経済規模から見れば微々たるものである。

日本には2000兆円を超える個人金融資産があるのだ。

これは金融資産だけであり、不動産などの資産は含まれていない。不動産までも含めれば、5000兆円から8000兆円の個人資産があると見込まれている。また前述したように毎年、相続されている遺産は少なく見積もって50兆円とされている。

それに比べれば、３００４億円というのは、いかにも少ないと言える。

しかも、この３００４億円というのは、**「相続資産」**の申告漏れであり、税額ではない。追徴税額はこの申告漏れ資産に税率をかけたものとなるので、さらに規模は小さくなり、わずか５８３億円に過ぎないのだ。

しかも、この課税漏れ額は、年々減ってきているのだ。

また大阪国税局管内（関西担当）、金沢国税局管内（北陸担当）では、過去10年間で、相続税の課税漏れが最低の数値となっている。

これは何を意味するのか？

昨今、金持ちは真面目に申告をするようになったので、課税漏れが減っている？

もちろん、そんなことは絶対にあり得ない。

前項で述べたように、現在の日本の相続税は、多く見積もっても全国の相続資産の６％程度の税収しかない。

つまり相続資産の94％が、遺族にそのまま渡っているのだ。

相続税の最高税率は55％である。本来なら、相続資産の50％近くが税収になっていてもおかしくないはずだ。なのに、たった６％しか税金として徴収できていないのだ。

では、なぜ相続税の課税漏れが減っているのか？

それは、金持ちの相続税逃れの手口が近年、非常に巧妙化しているということである。

以前であれば、相続税逃れの手口というのは、隠し口座をつくっていたり、家族名義の口座にお金を移していたりなどの単純なものが多かった。

しかし、昨今では、生命保険、タックスヘイブン、タワーマンションなどさまざまな手を使って、相続税を逃れている。それは、税法の抜け穴を突いた**「合法的な方法」**も多くあるので、国税当局としては手出しできないのである。

だから、相続資産の6％しか課税できていないにもかかわらず、「課税漏れが減っている」という状況になっているのだ。

相続税の課税水準の引き下げも効果なし

平成27年に、相続税の課税水準が引き下げられた。

平成26年以前は、最低でも6000万円以上の遺産がないと、相続税はかかってこなかったが、平成27年以降は最低3600万円以上の遺産があれば、相続税がかかってくる可能性が出てきた。

この課税水準の引き下げは、マスコミなどでも大きく取り上げられたので、ご存じの方も多いはずだ。

課税水準の引き下げは、当然のことながら、税収を上げるためだった。

昨今の日本では、貧富の格差が深刻化し、それを埋めるためには、相続税を引き上げるべしということだったのだ。

そのために、課税水準の引き下げを行ったのだ。

この課税水準の引き下げにより、相続税の納税者は倍増した。

それまで死亡者の4％程度しか相続税の対象とはなっていなかったが、平成27年からは8％が相続税の対象となったのだ。

しかし、しかし、である。

肝心の税収のほうは、ほとんど増えていないのだ。

課税水準引き下げの前は、相続税の税収は1兆8000億円程度だった。

しかし、引き下げ後の平成27年の税収は2兆円に達しなかったのだ。

昨今の株価の上昇により、現在は2兆円台後半の税収がある。

が、これも株価や地価の上昇が主な要因と考えられ、課税水準の引き下げの影響はほとんどないのである。

納税者は倍増しているのに、税収は2割程度しか増えなかったのだ。

これはよくよく検討すれば、当然のことだった。

「課税水準の引き下げ」は、**「これまで相続税がかからなかった中間層」**にも相続税を課すということだ。

当然のことながら、中間層はそれほど多くの資産を持っているわけではなく、納税者は増えても、納税額はそれほど増えなかったのだ。

相続税の問題は、そこではないのだ。

現在の日本の相続税の最大の問題は抜け穴が多すぎて、払うべき人がきちんと払っていないことなのだ。

相続税はバブル以降に大減税された！

このように金持ちは相続税をまともに払っていないうえ、相続税逃れは非常に巧妙化しており、それが、貧富の格差の大きな要因の一つになっている。

だが、これは「相続税が高すぎるからだ」と、思っている人も多いようだ。

しかし相続税というのは近年、大幅に減税されているのである。

あまり知られていないが、この30年間、相続税は下げられっぱなしだった。

次ページの表のように、1987年までは最高税率は75%だったのが、2003年では50%にまで下げられている。

貧富の格差が社会問題となり、さすがに相続税の税率を下げすぎたということになり、2013年の税制改正で若干、引き上げられたが、それでも55%である。1987年の最高税率よりは20ポイントも低い。

バブル崩壊以降、財源不足を理由に、消費税が増税され、社会保険料も引き上げ続けられたにもかかわらず、相続税だけがこっそり下げられていたのである。

しかも、昨今の相続税の減税のされ方を見ると、「大金持ち」を最大限に優遇しているのがわかる。

平成15年度の改正以前は、20億円を超える遺産をもらった人に、最高税率の70%が課せられることになっていた。

ところが現在は、6億円を超える人が最高税率の55%となっており、それ以上はいくらもらっても税率が上がることはない。つまり7億円もらっても、30億円もらっても税率は同じということになっているのだ。

つまりは、**超資産家ほど優遇されている**のである。

相続税の税率の推移

昭和63(1987)年 改正以前		昭和63(1987)年 改正後		平成4(1992)年度 改正	
税率	相続資産	税率	相続資産	税率	相続資産
10%	200万円以下	10%	400万円以下	10%	700万円以下
15%	500万円以下	15%	800万円以下	15%	1,400万円以下
20%	900万円以下	20%	1,400万円以下	20%	2,500万円以下
25%	1,500万円以下	25%	2,300万円以下	25%	4,000万円以下
30%	2,300万円以下	30%	3,500万円以下	30%	6,500万円以下
35%	3,300万円以下	35%	5,000万円以下	35%	1億円以下
40%	4,800万円以下	40%	7,000万円以下	40%	1億5,000万円以下
45%	7,000万円以下	45%	1億円以下	45%	2億円以下
50%	1億円以下	50%	1億5,000万円以下	50%	2億7,000万円以下
55%	1億4,000万円以下	55%	2億円以下	55%	3億5,000円以下
60%	1億8,000万円以下	60%	2億5,000万円以下	60%	4億5,000万円以下
65%	2億5,000万円以下	65%	5億円以下	65%	10億円以下
70%	5億円以下	70%	5億円超	70%	10億円超
75%	5億円超				

平成6(1994)年度 改正		平成15(2003)年度 改正		平成25(2013)年度 改正	
税率	相続資産	税率	相続資産	税率	相続資産
10%	800万円以下	10%	1,000万円以下	10%	1,000万円以下
15%	1,600万円以下	15%	3,000万円以下	15%	3,000万円以下
20%	3,000万円以下	20%	5,000万円以下	20%	5,000万円以下
25%	5,000万円以下	30%	1億円以下	30%	1億円以下
30%	1億円以下	40%	3億円以下	40%	2億円以下
40%	2億円以下	50%	3億円超	45%	3億円以下
50%	4億円以下			50%	6億円以下
60%	20億円以下			55%	6億円超
70%	20億円超				

相続税の税率が下げられた要因は、諸々あるが、一番大きいのは、共産主義国家の崩壊である。１９８０年代の後半から、ソビエト連邦をはじめとする東欧の共産主義国家が相次いで崩壊し、東西冷戦が終了した。

それ以降、西側の先進国では、相次いで相続税が下げられた。

なぜ共産主義国家が崩壊したら、相続税が下げられたのか？

そもそも相続税というのは、社会主義勢力が世界を席巻し始めたころにつくられた税金なのである。19世紀後半から20世紀前半にかけて、貧富の差が拡大し庶民の不満が高まり、共産主義が勃興《ぼっこう》してきた。

そのため先進国の政府は貧富の格差を解消し、庶民の不満をなだめるために、相続税を取り入れたのである。

しかし共産主義国が崩壊したので、西側の先進国たちは、貧富の格差にそれほど気を配らなくてよくなった。そして、そもそも政治家というのは、富裕層からの献金で支えられているので、富裕層の機嫌を取るために相続税を下げたのである。

が、そのため２０００年代に入って、先進国は深刻な格差社会に悩まされることになっ

11人に1人は相続税

相続税の課税対象になる被相続人数の推移

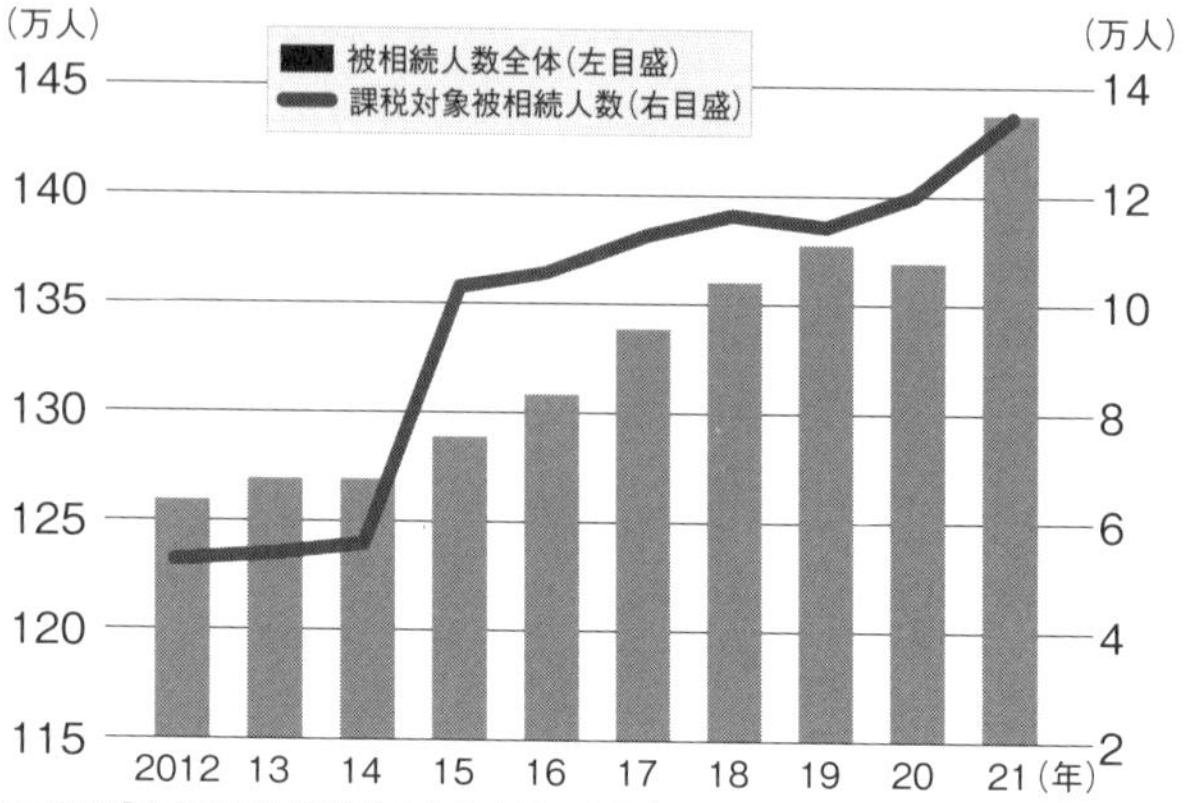

出所：国税庁「令和3年分相続税の申告実績の概要」

相続税の平均は1819万円

相続財産額と相続税額の推移

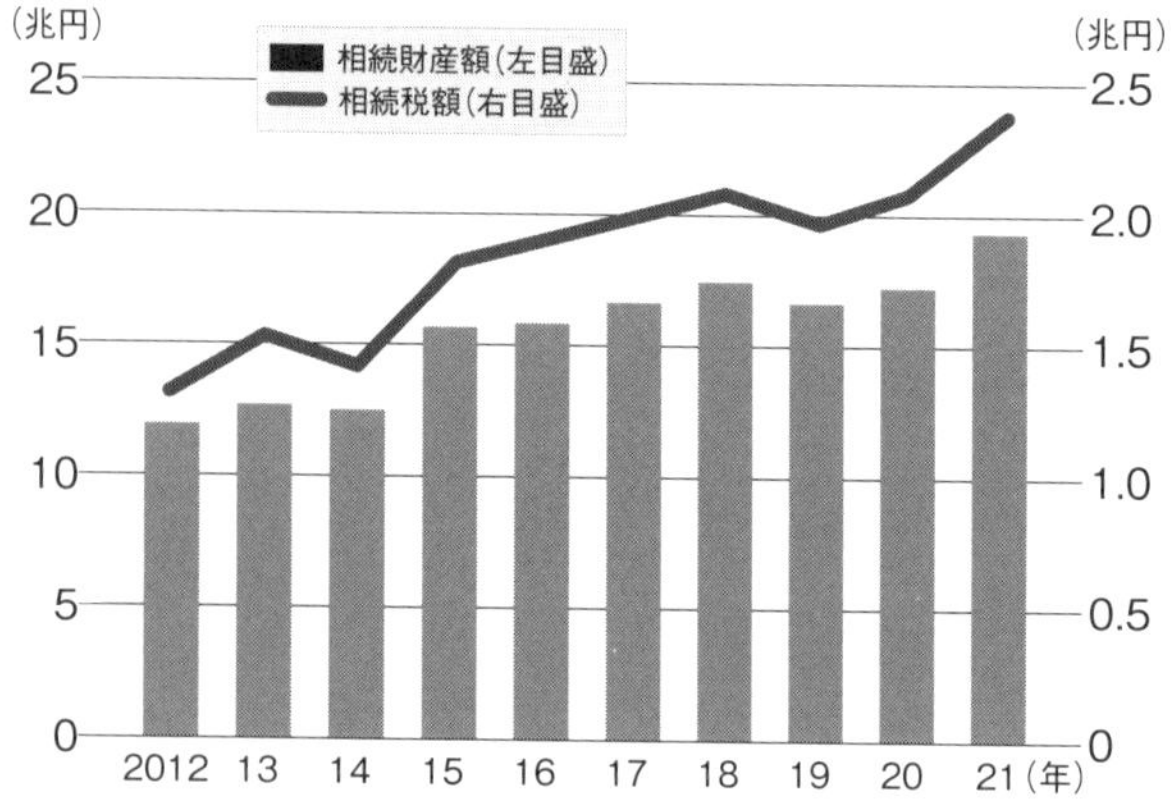

出所：国税庁「令和3年分相続税の申告実績の概要」

た。現在、欧米を震撼《しんかん》させているテロなども、貧富の格差が背景にあるのだ。

日本でも、貧富の格差は昨今、大きな社会問題となっている。

あまりマスコミなどで報じられることはないが、富裕層の減税をし過ぎたために、億万長者が激増している。それは、外資系投資銀行などの発表データに表れているし、国税庁のデータにも表れている。

バブル崩壊以降、日本人の多くは**「日本経済全体が苦しいんだ」**と思い込んできた。しかし、そうではない。ほとんどの国民は収入が下がり、資産を減らしている中で、富裕層だけが肥え太ってきたのだ。

その**大きな要因の一つが、相続税の減税**だといえるのだ。

こういう税制が格差社会を生んだといっても、過言ではないのだ。

なぜ長者番付は廃止されたか？

近年の金持ち優遇税制は、相続税の減税だけではない。

税制全体に、金持ち優遇の流れがある。

たとえば、20年前までは、長者番付という制度があった。

長者番付というのは、所得の多い人を税務署が公示するというものである。正式には高額納税者公示制度という。

その年の所得税額が1000万円を超える人は、翌年の5月に管轄の税務署の掲示板に貼り出されたのだ。

長者番付は、何のためにあったかというと、実は脱税を防ぐためだったのだ。

脱税というのは、税務当局だけの調査ではなかなか全貌《ぜんぼう》がわからない。

だから世間から脱税の通報をしてもらおうと考えたのだ。

長者番付を発表して市民から「あの人は、相当稼いでいるのに、長者番付に載っていない」という密告をしてもらおうという算段だった。

しかし長者番付は、平成18年に廃止された（平成17年度所得分から）。

個人情報保護法という法律がつくられて、長者番付は問題があるというのが、その理由である。

長者番付では、住所等も公表されたために、確かに個人情報保護の面で問題があったとはいえる。でも、それは住所を伏せればいいはずだ。

にもかかわらず、長者番付が廃止されたのは、政治家たちが資産家に対して忖度《そんたく》したからなのである。

だれがどのくらい金を稼いでいるのか、ということを公表するのは、経済活動の公正さのチェック機能になっていたはずだ。

金にかかわることは、きれいごとではすまない部分がある。だれもが金儲《もう》けをしたいし、それは得てしてエスカレートしがちである。

特に近年はその傾向が強くなっている。

金を儲けた人が一般国民の目にまったくさらされないとすれば、今よりさらにこの傾向がエスカレートするのは自明の理である。

たくさんお金を稼いだ人は、相応の社会的責任があるはずだ。その責任が果たされているかどうかチェックする意味でも、長者番付は必要なものだったはずだ。

このように、現在の日本は、社会制度全体が「金持ち優遇」に傾いているのだ。

しかも、金持ちたちは、安くなった相続税さえ逃れようとしているのである。

日本で世襲政治家が多いのは相続税が課せられないから

筆者が「相続税などバカバカしくて払っていられない」という理由の一つが、「政治家は相続税をほとんど払っていないこと」である。

政治家というのは、この国の指導者であり、税金を決めて運営する総責任者でもある。その彼らが相続税をほとんど払っていないのだ。世界を見渡しても、これほど政治家が相続税を払っていない国というのは、日本くらいである。

そして日本では政治家が相続税を払っていないので、異様に世襲政治家が多いのだ。テレビ朝日のデータによると日本の衆議院議員の23％は世襲議員である。アメリカ、イギリスは７％程度、ドイツは１％以下なのだ。しかも日本の場合、過去20年で首相９人のうち６人が世襲議員なのである。

こんな国は先進国にはどこにも見当たらない。

世襲制の弊害というのは、人類の永遠の課題ともいえるものだ。

日本でも聖徳太子の時代から「門閥によらない人材登用」を掲げた政治改革が幾たびも行われてきた。しかし時間が経てば改革は骨抜きにされ、世襲制が復活してくるのだ。

あの明治維新も、テーマの一つが世襲制の廃止だった。

江戸時代のような「生まれた家柄で身分や職業が決まってしまう封建社会」を廃し、「家柄や身分に関係なく個人の能力にあった仕事や地位につける社会をつくる」というのが明治維新の目的でもあった。

当然のことながら政治家という国の行く末を担うリーダーは、有能な人材でなければならない。政治家の家に生まれた者が自動的に政治家になるシステムがあっては絶対にならないのだ。

にもかかわらず日本の場合は、相続税を払わなくていいために世襲制を推奨しているようなものである。

現在の日本の低迷と世襲政治家の増殖はまったくリンクしている。

日本は戦後、世襲政治家が首相になるケースはほとんどなく、平成になるまでの17人の首相のうち世襲は鳩山一郎だけだった。

しかし平成になってからは世襲政治家ばかりが首相になるようになり、実に6割以上の首相が世襲だったのだ。

平成時代の日本は「失われた30年」ともいわれ、日本が急速に衰退していった時期なのだが、この平成時代には世襲首相が激増しているのだ。

日本が何十年も前からわかっていた少子高齢化の進展を止めることができず、国民生活がどんどん苦しくなってしまったのも、世襲政治家ばかりになったことが原因の一つだと思われる。

またこの弊害として、利権やしがらみの引き継ぎという面もある。

親がもっていた利権やしがらみは、子供にもそのまま引き継がれる。

世界平和統一家庭連合（旧統一教会）と関係が深い政治家が多かったのも、親の時代から付き合いがあったことが要因の一つなのだ。

そして日本でこれだけ世襲政治家が増えたのは、相続税の優遇制度が非常に大きな原因なのである。

「政治団体」というブラックホール

なぜ政治家は相続税をほとんど払っていないのか、そのカラクリを説明したい。

まず彼らの「地盤」には相続税が課せられない。政治家の最大の財産は「地盤」である。

政治家は選挙では、かなりお金を使う。長い間お金を使って培ってきた「地盤」というものは、政治家にとって生命線でもあり、もっとも大きな財産である。

世襲議員たちは先代の地盤を受け継いだだけで当選する。彼らが地盤を引き継がずに、一から政治活動を行おうとすれば、相当のお金がかかるはずだ。

地盤がなにもない人が政治家を志して立候補しようと思えば、出馬の初期費用だけで市会議員レベルで数千万円、県会議員レベルで数億円、国会議員では数十億円単位の金がかかるといわれている。

　しかもそれは初期費用であり、それなりの地盤をつくるためには、気が遠くなるような莫大な費用がかかるのだ。

　世襲議員たちは「地盤」を受け継ぐときに、贈与税や相続税を払ったかというと、もちろん否である。

「選挙の地盤が相続税の対象になるわけはないじゃないか、そんな屁理屈を言うな」

　と言われる人もいるかもしれない。

　でも日本の税制では本来、選挙の地盤にも相続税はかかるはずなのだ。

　相続税法では金銭的な価値があるものならば、すべて相続税の対象となることになっている。選挙の地盤は、相当な金銭的価値があるのは明らかなのだから対象にならないはずはないのだ。

　また世襲議員は「地盤」だけではなく、譲り受けた資金や財産についても、ほとんどの場合、相続税がかからない。

　国会議員はだいたい自分の政治団体をつくっている。

　この政治団体が法律の抜け穴になっているのだ。

政治団体に個人が寄付をする場合、非課税となっている。そして政治資金規正法で、個人は政治団体に年間２０００万円までは寄付できるようになっている。

だから親が毎年、２０００万円を子供の政治団体に寄付していけば、相続税をまったく払わずして、自分の資産を譲り渡すことができるのだ。

さらに政治団体から政治団体に寄付をする場合も非課税であり、しかもこの場合、寄付金の上限額はない。

世襲議員の場合、親と子供は別個の政治団体をつくっている。

だから親の政治団体から子供の政治団体に寄付をするという形を取れば、何億円であろうと何十億円であろうと無税で相続することができるのだ。

もし親が急死した場合でも、親の政治団体から子供の政治団体にお金を移せば、相続税はゼロで済むのだ。

このように親の政治家がため込んだお金が無税で子供の政治家に渡るシステムがあるので、世襲政治家が増殖することになったのだ。

少なくとも、この相続税の優遇制度を廃止しないと、世襲政治家の増殖は止められないし、日本の低迷も止められないだろう。

第2章

タックスヘイブンというブラックホール

海外居住を使った〝節税術〟

金持ちの相続税の逃税方法として、最近、非常に目につくのが「海外を使う」というものである。

特に「タックスヘイブン」を利用した節税は、昨今、グローバルな問題ともなっている。パナマ文書、パラダイス文書などで、たびたび世間を騒がしているので、「タックスヘイブン」という言葉をご存じの方も多いはずだ。

タックスヘイブンというのは、税金が極端に安い（もしくは無税）国や地域のことである。ケイマン諸島やパナマなどが有名であるが、香港、シンガポールもタックスヘイブンである。

タックスヘイブンとは、具体的にどういう税制になっているのか、シンガポールを例にとって説明したい。

まずこの国は、キャピタルゲインには課税されていない。

つまり株式や不動産投資でいくら儲けても、税金は一切かからないのだ。そのうえ、所得税は最高でも20％、法人税は18％と、日本に比べれば非常に低い。

だからヘッジファンドのマネージャーなどがシンガポールに住んでいるケースも非常に多いのだ。

シンガポールは国策として、海外の富豪や投資家などを誘致しようとしている。彼らがたくさん稼いで、多額の金を落としてくれれば、シンガポールとしては潤うからである。

そのためさまざまな便宜をはかっているのだ。

そして**シンガポールでは贈与税や相続税もない**。

だから大金持ちがシンガポールに移住し、投資などで稼いで、その金をシンガポール在住の子供に贈与すれば、税金はまったくかからないことになる。

課税逃れのイメージ

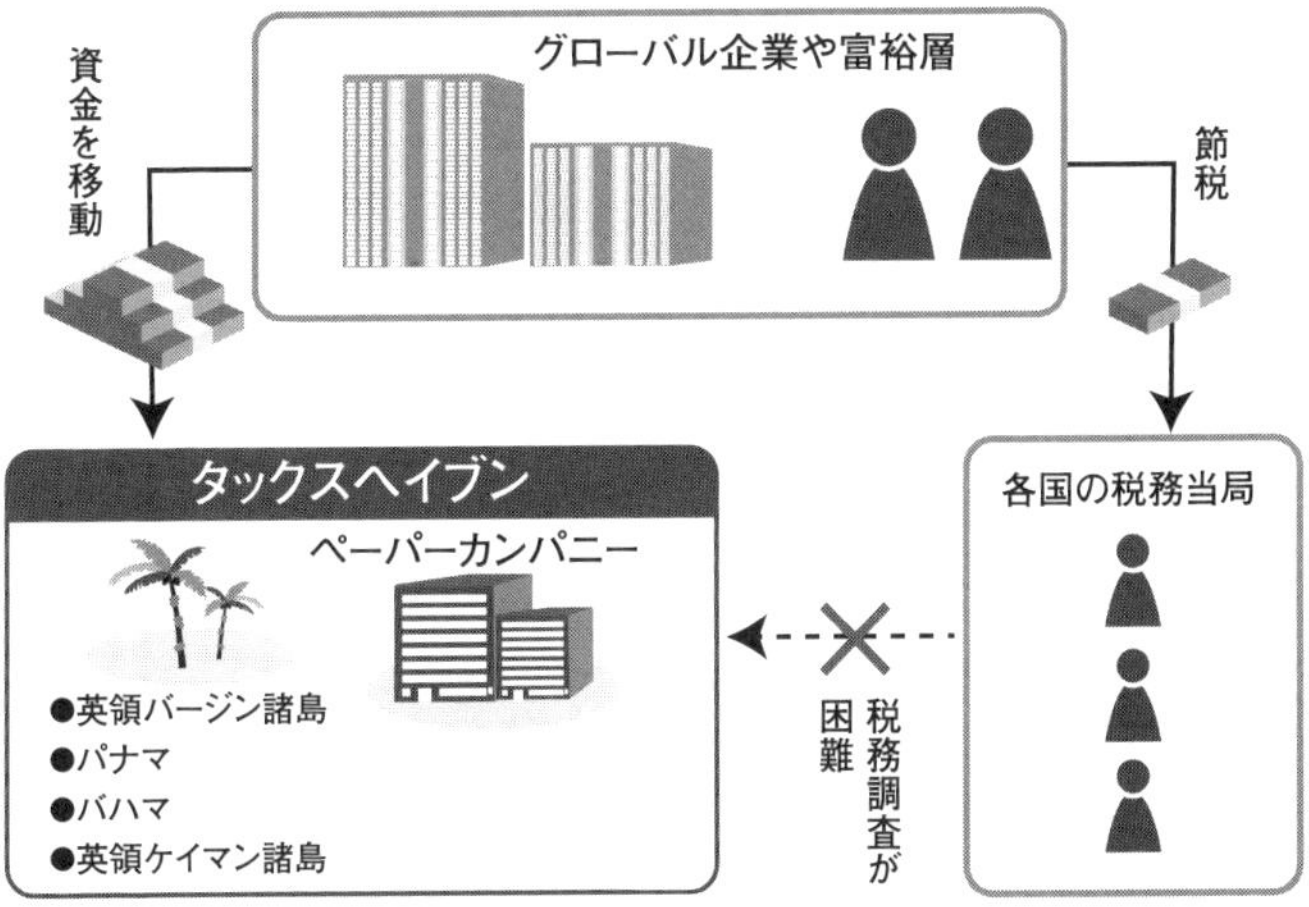

ルクセンブルク
リヒテンシュタイン
法人税12.5%。スイスと並ぶ銀行守秘義務が厳しかったが、批判をうけて方向転換中。
香港
法人税16.5%。株の配当、キャピタルゲイン税、一部銀行の預金利子が非課税。
マルタ
スイス
スイス国外でビジネスをすることを目的にスイスで設立した法人は実効税率が10%～とかなり優遇される。
シンガポール
イギリスとのつながりが深く、香港と並ぶアジアのタックスヘイブン。多くの税務優遇措置がある。

クスヘイブンがここ！

アイルランド
法人税は12.5%。しかし優遇策でさらに低税率に。国際的な批判を受けて法人税への優遇は中止する方向に。
バハマ
法人税、所得税、キャピタルゲイン税、相続税などが無税。
英領バミューダ諸島
法人税、所得税、キャピタルゲイン税、相続税などが無税。グーグルが節税対策として活用したことで有名。
ジャージー
ジブラルタル
ドミニカ
英領バージン諸島
法人税やキャピタルゲインが非課税。多国籍企業や投資ファンドの節税管理会社で活用されることが多い。
グレナダ
英領ケイマン諸島
所得税、キャピタルゲイン税、相続税が非課税。バージン諸島同様、節税目的のペーパーカンパニーが多数存在。
パナマ
アメリカ企業やアメリカの富裕層が歴史的に活用してきた。同地に設立した法人の国外からの所得が非課税。
アメリカ
デラウェア州
州内で営業していない企業でも法人税が非課税。アメリカ上場企業の半数以上が同州に登記上の本社を置く最強のタックスヘイブン。
ネヴァダ州
州法人税が無税。デラウェア州と並ぶ全米屈指のタックスヘイブン。

世界の主なタッ

世界中から富豪がこの国に集まってくるのも無理のない話だといえるだろう。

またシンガポールに対抗して、香港でも似たような制度を敷いている。当然、香港にも同じように移り住む金持ちが増えている。


このように外国企業からの配当などで、大きな利益を得ている人は、タックスヘイブンと呼ばれる地域に住んでいたりするケースが増えているのだ。

しかも、このタックスヘイブンは、税金が安いだけじゃなく、金融資産の秘匿《ひとく》を守るなど、富裕層にとっては非常に魅力的なサービスをしてくれる場所なのである。そして法律の専門家も多く、逃税の手助けをしてくれるのである。

このタックスヘイブンをうまく使って、相続税を逃れている人はかなり多いとみられている。

もちろん、海外に移住したり、資産を移すとなると、それなりのリスクも生じる。そのリスクを冒してでも税金を減らしたいと思うほど、多額の相続税がかかる人しか、この方法は使わない。

つまりは、**かなりの金持ちが使用している節税策**なのである。

10年以上、タックスヘイブンに住めば相続税を逃れられる？

タックスヘイブンを使った相続税の逃税術には、さまざまなバリエーションがある。

まずもっともダイナミックな方法として、資産をタックスヘイブンに移し、相続人を海外に移住させ、その資産を贈与するという方法がある。

こうすることにより、贈与税が課せられずに、生前に自分の資産を相続人に贈与することができるのだ。

現在の日本の税法では、年間１１０万円以上の金品を贈与した場合は、贈与税がかかってくる。

これは家族間、親族間でも同様である。家族間であっても、１１０万円以上の金品を贈与すれば、贈与税が課せられる。

この贈与税というのは、相続税逃れを防ぐためにつくられたものである。資産家一族は相続税を逃れるために、資産家の生前に資産を親族に移転したがる。しかし、それを許していれば相続税は課せられない。

そのため、家族間であっても、年間110万円以上の金品を贈与すれば、「贈与税」が課せられることになっているのだ。

しかもこの贈与税の税率がかなり高い。

次ページ表のように、3000万円を超える贈与をした場合は、55％の税金が課せられるのである。

そのため、資産家たちは、タックスヘイブンを利用して、巧妙にこの贈与税を逃れているのである。

この贈与税は、原則として日本人ならばだれでも課せられるものだが、海外居住者には特別な抜け穴があるのだ。

現行の法律では、

「海外に10年以上居住し、日本国内に10年以上住所がない人同士が、海外の資産を贈与された場合は、贈与税がかからない」

ということになっている。

だから、上場企業の創業者などが10年以上海外に住居を移し、自分の持ち株を海外のタックスヘイブンの会社に移し、その海外の会社の株を、10年以上海外に居住している子供などに贈与すれば、相続税はかからないことになる。

贈与税の税率（一般税率）

基礎控除後の課税価格	税率	控除額
200万円以下	10%	―
300万円以下	15%	10万円
400万円以下	20%	25万円
600万円以下	30%	65万円
1000万円以下	40%	125万円
1500万円以下	45%	175万円
3000万円以下	50%	250万円
3000万円超	**55%**	**400万円**

資産をタックスヘイブンに移し相続人を海外に移住させて、その資産を贈与するスキーム

タックスヘイブンに
「自分の持ち株を管理させる会社」をつくる
（これで自分の持ち株は海外資産ということになる）

↓

息子など資産を譲りたい人を
10年以上海外に居住させる

↓

タックスヘイブンの会社の株を息子に譲渡する
（日本の贈与税はかからない）

このスキームには二つのポイントがある。

一つは、タックスヘイブンにつくった会社に、自分の会社の（日本の）株を保有させ、自分は「タックスヘイブンの会社の株」を保有するということである。日本にある自分の会社の株は、実質的には自分が持っている資産であり、日本国内資産である。しかし、海外のタックスヘイブンの会社を間にかませることによって、タックスヘイブンの会社の株＝海外資産ということになり、タックスヘイブンの会社が保有している日本の会社の株も、必然的に海外資産ということになるのだ。

もう一つのポイントは、資産を譲ろうとしている親族（息子）などを10年以上、海外に居住させるということである。**実質的に日本で生活している者であっても、形式上は海外居住者**にするわけである。

つまり、「資産を譲る相手」も、「譲ろうとしている資産」も、実質的には在日本なのだけれど、**形のうえでは海外**ということにするのだ。そして、「海外の資産を海外居住の人に譲渡する」という形をとって、日本の贈与税を逃れるのである。

つまりは、35ページのようなスキームである。

実はかなり緩い「海外居住」のルール

このように資産を譲るものと譲られるものが海外に10年以上居住すれば、贈与税を払わずに資産を譲渡することができるのだが、実は「海外に居住する」ということのハードルはかなり低いのである。

「海外居住者」になるためには、別にガッツリ海外に居住していなくてもいいのである。「海外と日本を行き来している人」でも、非居住者になれる場合があるのだ。

日本の国内に住所地がない「非居住者」になるには、1年間のうちだいたい半分以上、海外で生活しておかなければならない、ということになっているが、実は厳密な線引きはないのだ。

半年以上、海外で生活していても、実質的な住所が日本にあるというような場合は、「海外居住」とは認められないこともあるし、逆に半年以上日本で生活していても、「海外居住」が認められるケースもある。

国税庁のWebサイトでは、日本での「非居住者」となる条件として次ページの表のように述べている。

居住者・非居住者の判定
(複数の滞在地がある人の場合)

1　国内法による取扱い

わが国の所得税法では、「居住者」とは、国内に「住所」を有し、又は、現在まで引き続き1年以上「居所」を有する個人をいい、「居住者」以外の個人を「非居住者」と規定しています。

「住所」は、「個人の生活の本拠」をいい、「生活の本拠」かどうかは「客観的事実によって判定する」ことになります。

したがって、「住所」は、その人の生活の中心がどこかで判定されます。

ある人の滞在地が2カ国以上にわたる場合に、その住所がどこにあるかを判定するためには、職務内容や契約等を基に「住所の推定」を行うことになります。

「居所」は、「その人の生活の本拠ではないが、その人が現実に居住している場所」とされています。

法人については、本店所在地がどこにあるかにより、内国法人又は外国法人の判定が行われます（これを一般に「本店所在地主義」といいます。)。

2　租税条約による取扱い

租税条約では、わが国と異なる規定を置いている国との二重課税を防止するため、個人、法人を含めた居住者の判定方法を定めています。

具体的には、それぞれの租税条約によらなければなりませんが、一般的には、次の順序で居住者かどうかを判定します。

個人については、「恒久的住居」、「利害関係の中心的場所」、「常用の住居」そして「国籍」の順に考えて、どちらの国の「居住者」となるかを決めます。

これをわかりやすく言うと、「国内に住所があるか、現在まで1年以上日本に住んでいる人」が居住者となり、それ以外の人は居住者ではない、ということである。そして複数の国に居住しているなど、居住者かどうか微妙な場合は、生活の中心がどこかで判断するのである。

だから海外に移住するといっても、ちょっと留学という感じでいくこともできるし、海外展開している会社経営者の息子であれば、海外駐在員のような形をとることもできる。現在は、飛行機などの交通手段も整っているし、10年ほど海外に行ってみるというのは、まったく無理なことではない。その間、日本にしょっちゅう帰ってきてもいいわけだ。

一般的な視点から見れば、これは明らかに**「イカサマ」**であり、法の抜け穴を突いたずる賢い手口なのだが、実際にこの方法をとっている金持ちは、けっこういると見られている。

このようにして、大金持ちたちは、**「合法的」**に莫大な資産を親族に譲渡しているのである。

武富士一族の〝史上最大の節税〟とは？

海外居住に関する税法は、以前はもっと抜け穴が大きかった。

現在は、「10年以上海外在住」という条件があるが、以前は、年数の縛《しば》りはなく、ただ海外在住であればよかったのだ。

だから、タックスヘイブンに会社をつくって、日本の会社の株を預け、タックスヘイブンの会社の株を、海外にちょっと在住している親族に譲渡すれば、贈与税は逃れられたのである。

税務の世界では、今も語り草になっている**「史上最大の節税」**というものがある。それは、このスキームを使った方法なのである。

その「史上最大の節税」を行ったのは、かの武富士の創業者一族である。

武富士という会社は、創業者が一代で築き上げたものである（２０１０年に会社更生手続）。東証１部上場もしており、創業者が保有している株式の資産たるや非常に巨額なものになっていた。

もちろん、そのまま創業者が株を持ち続けて死亡してしまえば、遺族には莫大な相続税が課されるはずだった。

そのため武富士の創業者は、オランダに会社をつくり、自分の持っている武富士の株をそのオランダの会社に保有させた。オランダは、ヨーロッパの中では税金が安く、また銀行の情報秘匿の伝統もあり、「タックスヘイブン」に準ずる国なのである。

オランダの会社の株は武富士の創業者が持っており、実質的に武富士の会社である。が、形式上はオランダの会社ということになっており、その会社の株は「海外資産」ということになっていたのだ。

そして、そのオランダの会社の株を香港に在住している息子に譲渡し、贈与税を免れたのだ。

実はこのとき国税当局は、この抜け穴をふさごうとしていた。平成15年の税制改正で「外国に住んでいる者に、外国の資産を贈与しても日本国籍を有するならば贈与税がかかる」ようにしたのだ。

しかし武富士の創業者一族は、この税制改正の直前に駆け込み的に贈与を行ったのだ。創業者から長男へ贈与された株式の時価は推定２６００億円以上だった。

２６００億円を普通に贈与していたならば、贈与税として１３００億円近くを払わなければならない。それを無税で乗り切ったのだ。

国税当局も、それでは腹の虫がおさまらない。実質的には日本の国内にある資産を、日本人の息子に譲渡しているのに、贈与税がかからないのである。

だから国税当局は、

「長男は香港に住民票を移しているが、実際は日本で生活しており香港に住民票を移したのは課税逃れのために過ぎない、実際は日本に住んでいたのだから日本の贈与税はかかる」

として追徴課税を課した。

しかし、武富士創業者一族はその処分を不服として裁判を起こした。

この裁判は、最高裁まで争われ、最終的に国税は負けてしまった。最高裁では「当時、長男は香港に居住の実態があった」として贈与税は課せられないという判断を下したのだ。

国税は徴収していた税金を創業者一族に返還しただけではなく、税金を仮徴収していた期間の利子約400億円までを払うことになったのだ。

庶民から見れば釈然としない話だが、税務の世界ではこういうこともあるのだ。

セコム一族の節税もすごい

武富士一族の史上最大の節税と並んで、税務業界で語り草になっているのが、セコム一族の〝節税〟である。

セコム一族も、タックスヘイブンを巧みに使った方法で、巨額の贈与税（相続税）を逃れているのだ。

セコム一族の節税スキームは、あのパナマ文書で明らかになった。

パナマ文書により、警備大手セコムの創業者や親族につながる法人が、1990年代にタックスヘイブンにつくられ、当時の取引価格で計700億円を超す大量のセコム株が管理されていたことが判明した。

法人が設立された場所は英領バージン諸島、ガーンジーで、セコム創業者の2人、飯田亮氏や故戸田寿一氏は、この法人を使ってセコム株を間接的に管理する仕組みをつくっていたのである。

タックスヘイブンの会社に、自分たちの持っているセコム株を保有させたのだ。タックスヘイブンの会社の株は、自分たちが持っているので、セコム株は、結局は自分たちの支配下にある。が、名義上は、セコム株はバージン諸島法人の所有となるのだ。

武富士と同じパターンである。

そして、このタックスヘイブン会社が所有しているセコムの株を、2002年に親族3

人に無償譲渡したのである。

セコムの親族3人は、この **「セコム株無償譲渡」** を受け、それぞれ約81億円、約43億円、約31億円の合計約155億円の所得税を払っている。

これがなぜ節税になるかというと、セコム株700億円分を、普通に創業者から親族に贈与すれば、当時の贈与税の税率は70%だったので、500億円近い税金を払わなければならない。またもし、贈与しないままにしておけば、創業者が死亡したときに、相続税がかかりこれも500億円近い税金を払うことになる。

しかし、それをタックスヘイブン法人から無償譲渡されたということにして、約155億円の納税額に抑え込んだのである。

実に3分の1以下である。住民税を含めても、半分以下である。

なぜこういうことになっているのか、簡単に説明したい。

普通、個人から個人へ金品を贈与された場合、もらった側は贈与税がかかる。が、会社から個人に贈与された場合は、もらった側には贈与税ではなく、所得税がかかることになる。

そして、この場合の所得税の計算では、一時所得といって、普通の所得税の半額ですむことになる。最高でも18・5%（当時の税率）にしかならなかったのだ。

贈与税や相続税の税率に比べれば、かなりの割安である。

セコム創業者一族が、この仕組みを利用したのだ。

タックスヘイブンの会社が保有しているセコムの株を、創業者の親族に無償贈与し、親族たちは、一時所得として申告する。これにより、本来贈与で払うべき税金の額を半分以下にしたのだ。


またこのスキームには、もう一つポイントがある。

タックスヘイブンの会社から譲渡されたため、タックスヘイブン側の会社にはまったく税金がかかっていない、ということだ。

これがもし、日本の会社から個人に資産が

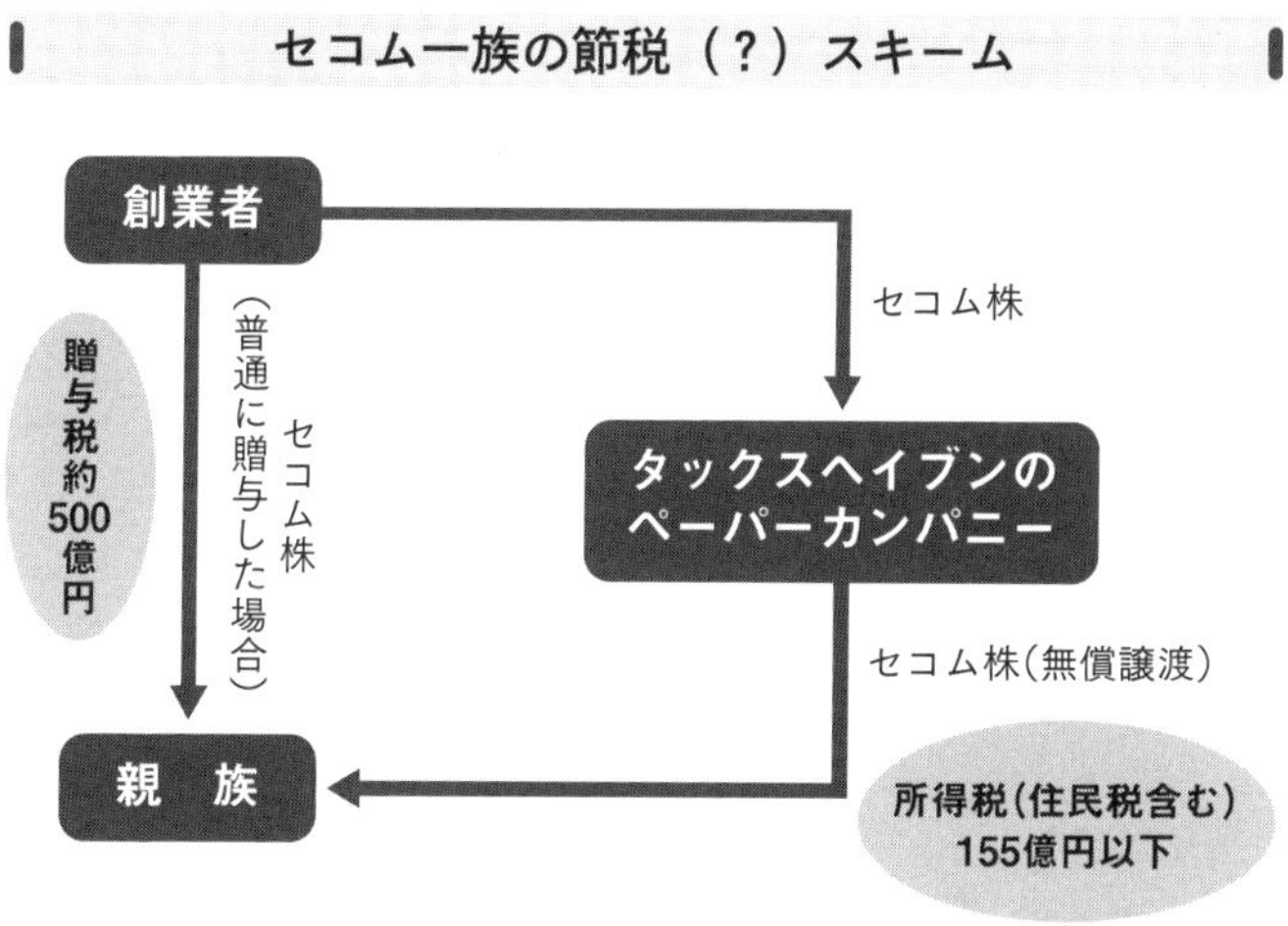

譲渡された場合には、会社側に法人税がかかる。寄付金という扱いになり、寄付金には法人税がかかるのだ。

が、この件は、バージン諸島の会社からの譲渡なのでこの法人税はかからない。だから、このスキームで発生する税金は、もらった側にかかる所得税だけなのである。

当時は、所得税の高額納付者は、公示する制度があった。先に述べた長者番付である。セコム創業者の3人の親族のうちの1人の所得税額は約81億円だったので、過去最高の納税額になるはずだった。

しかし、彼らは長者番付には載らなかった。

なぜかというと、彼らは、期限を少し遅らせて申告したからである。

親族3人は、株の無償譲渡を受けた後、一度には申告せずに、いったん少額の納税をした後、修正申告をするという形で、残りの納税をしているのだ。当時のセコム広報は、「警備会社として慎重を期するために、申告が遅れた」とコメントしている。

が、遅れて申告することにより、彼らは長者番付に載らず、「史上最高の所得税額」として世間の話題になることもなかったのだ。もし長者番付に載っていれば、その節税スキームも明らかにされ、世間の批判を浴びることは間違いなかったといえる。

タックスヘイブンは国税の泣き所

武富士創業者一族やセコム創業者一族の節税スキームというのは、一般の感覚からすると、**絶対におかしい**はずである。タックスヘイブンの会社が所有していた株といっても、事実上は、創業者が持っていた株である。

このスキームは、事実上は、「創業者が親族に株を贈与しただけ」であり、本来、贈与税を払わなければならないはずだ。

税務の世界では「実質課税の原則」という考え方がある。形式や名義がどうなっていようと、「現実的にどうなっているのか」で、課税を判断するという考え方である。

たとえば、マンションのオーナーが幼児の名義になっていたとする。しかし、幼児は現実的にマンションを管理運営したりすることはできない。だから、マンションから生じる所得は、実質的に管理運営している人（親など）のものとされ、税金も実質的な管理者にかかってくる、ということである。

この「社会通念上」の概念にあてはめれば、武富士やセコムのケースは明らかに、実質的に、創業者から親族へ株が贈与されているものである。間に入っているタックスヘイブンの会社というのは、事実上、ダミー会社であり実体はないということになるはずだ。

しかし、日本の国税当局は、彼らに課税することはできなかった。

ここに日本の国税当局の泣き所があるのだ。


もし、これらのスキームが国内だけで完結しているものであれば、「実質課税の原則」を適用することもできる。

しかし、タックスヘイブンを間にはさんでいるために、タックスヘイブン地域の政府との関係が影響してくるのだ。つまり、日本の事情だけで、課税や免税を決めることはできないのである。

タックスヘイブンでつくられた会社は、いくらダミー会社といえ、その地の政府が設立を認めた会社である。日本の国税当局が、**「これはダミーだ」**と主張するには、外交上の問題もあり難しい面があるのだ。

しかもタックスヘイブンというのは、それ自体は小国が多いのだが、そのバックには大国が控えているケースが多い。たとえば、バージン諸島というのは、イギリス領である。バージン諸島の会社であることは、間接的にイギリスの会社ということにもなる。ケイマン諸島なども、イギリスの管轄内である。

またアメリカなどもタックスヘイブン地域を多数抱えている。

だから、タックスヘイブンが世界中の大企業や富裕層の税金逃れのスキームになっていても、各国の政府は根本的な解決策を見いだせないのである。

タックスヘイブンに資産を持ち込む原始的な脱税

ここまで、金持ちがタックスヘイブンを利用し、税法の抜け穴を巧みに突いて、相続税（贈与税）を逃れる方法をご紹介してきた。

が、タックスヘイブンの利用方法は、このような巧みなスキームばかりではない。

もっと単純な**「資産隠し」**も行われているのだ。

簡単に言えば、自分の資産をタックスヘイブンに持ち出して隠してしまう、という方法である。そして、隠した資産は、相続時に申告しないのだ。

つまりは、脱税である。

前項まで紹介してきたスキームは、一応、法律にのっとったものであり、「節税」だった。

が、今から紹介するスキームは、法律にのっとった「節税」ではなく、明らかに法律を破った「脱税」なのである。

やり方は、単純である。

タックスヘイブンに、資産を自分で持ち込むのである。アタッシュ・ケースに現金や貴金属などを詰め込むなどの非常に原始的な方法である。現在は国税のチェックが厳しいので、振込みなどで資産をタックスヘイブンに移すのは難しい。なぜなら日本から海外に100万円以上送金すると、金融機関から税務当局に報告されることになっているからだ。

だから、こういう原始的な方法がとられるのである。

こういう原始的な方法で、脱税が成功するのかと疑問に思われる方も多いだろう。が、意外と成功しているようなのである。

たとえば、2016年6月には次のようなニュースが報じられた。

バッグに1万円札の束　「マルサ」が摘発した悪質な脱税の手口公開

全国の国税局査察部、いわゆる「マルサ」が摘発した悪質な脱税の手口が公開された。

クロゼットに無造作に置かれたボストンバッグの中には、輪ゴムで留められた大量の1万円札の束。

キャリーバッグからも現金が見つかり、あわせて2億円が隠されていた。

２０１５年度、全国で摘発された脱税件数は１８１件で、総額はおよそ１３８億円と、41年ぶりに、１４０億円を下回った。

一方、刑事告発した１１５件のうち、海外の銀行口座や取引先を悪用した事件は、28件にのぼり、過去5年間で最も多くなった。

脱税総額の減少について、国税庁は、「取引の国際化や証拠書類の電子化によって、分析作業に時間がかかるようになった。大口の脱税事件が減ったことも要因」としている。

（フジテレビ系（ＦＮＮ）２０１６年6月15日（水）１時14分配信

この記事によると、マルサの脱税摘発額が、41年ぶりに１４０億円を下回ったということである。

これは、「脱税する人が少なくなった」ということを意味するものではない。

記事の中にあるように海外を使った脱税は28件で、この5年間で最高となっている。しかも、この海外脱税というのは、氷山の一角の一角のそのまた一角程度だといえる。

というのも、現在の日本では、５０００万円以上の海外資産を持っている人は申告をしなければならない義務がある。２０１３年末からは、「国外財産調書制度」がスタートした。

これは海外に5000万円超の資産を保有する場合、税務署に申告しなければならない、というものである。もし違反すれば、懲役刑もある。

しかし、この申告をしている人は、現在のところわずか8000人しかいないのだ。日本にはミリオネアが300万人以上いるとされ、その中には海外に資産を移している人もかなりいるとみられる。海外資産の申請者8000人というのは、1%以下であり、あまりに少なすぎる。

それはつまり資産をこっそり海外に持ち出し、海外で保管している人が相当数いるのではないか、ということである。

おそらく、申告者の数倍から数十倍はいると思われる。

なぜ原始的な脱税が成功するのか？

なぜ「タックスヘイブンに資産を持ち込んで隠す」という原始的な脱税が成功しているのか？

実は、そういう**隠し資産を日本の税務当局が発見するのは、非常に難しい**のである。

なぜなら、海外というのは、国内に比べれば取引や財産を隠しやすいからだ。

国内の取引であれば、税務署は調べようと思えば、すぐに調べられる。銀行などの金融機関に隠していれば、税務署は文書一枚で金融機関内のすべての口座をチェックすることができる。家の中に隠しているのであれば、家探しをすることもできる。

しかし海外となるとそうはいかない。

海外の金融機関を、日本の税務署が調べようとすれば、非常に煩雑な手続きを要する。租税条約を結んでいる国に対しては、お互い調査ができる取り決めになっているが、それも一定の手続きを踏まなければならない。

また現地に赴いて調査しようにも、税務署も調査費に限りがあるので、そうそう海外に行けるものではない。

しかもタックスヘイブン地域などは、金融や資産において強固な秘密主義をとっており、なかなか情報を開示しない。よほど犯罪性のあるものじゃない限り、脱税の疑い程度では、当局に情報を送ってくれないのだ。

また**日本の国税庁の海外脱税対策というのは、非常に遅れている**と言わざるを得ない。

日本の国税庁は、2002年に東京、大阪など4つの国税局に「国際取引プロジェクトチーム」をつくっている。このほかに、全国の国税局には国際取引の情報を専門に集める部署も設置されている。

また海外取引専門の調査官を養成するために、国際租税セミナーという研修を行っている。これは勤務経験が一定以上の職員を試験で選抜し、毎年100人を英会話、貿易実務、国際租税などについて5カ月間かけて研修するというものだ。

が、これで、十分に対応できているとはとても言い難い。

国際租税セミナーの研修修了者は、毎年100人しか輩出されない。100人ということは、国税職員の中の0・2％に過ぎない。10年かかっても、ようやく2％である。

そもそも、国税職員で英語を話せるものは非常に少ない。

筆者が国税に在籍していた当時（10数年前）、英語を話せる職員はほとんどいなかった。日常的に話せるレベルではなくても、片言でも通じるレベルさえほとんどいなかったのだ。もし少しでも話せる人は、国際取引の部署に回されていた。国際取引のチームにいる人でも、ようやく片言な英語を話せる程度だといえる。

最近、国税の後輩に聞いてみたが、実情はほとんど変わっていないようだ。

英語を話せる職員さえ満足にいないのだから、中国語、フランス語、ドイツ語などはまったくお手上げだといえる。

このような状態だから、相続税の脱税が横行しているのだ。

第3章

なぜ
高級マンションは
節税アイテム
なのか？

「高級マンション」を使った頭脳的な節税

タックスヘイブンの次に目につく資産家の節税スキームは、「高級マンション」である。

昨今、都心部の高級マンション、いわゆる「億ション」の需要が急増しているというニュースがよく報じられる。

たとえば、東京建物などが2015年に販売した「ブリリアタワーズ目黒」は、分譲661戸の半数以上が1億円以上の物件にもかかわらず、発売から約4カ月で完売した。

また2017年に入居が始まった「プラウド六本木」（東京都港区）は、価格は2億円台から14億3000万円、平均価格は4億円台という超高級マンションだが完売している。

不動産経済研究所のデータによると、2022年の首都圏の新築マンション平均価格は1戸当たり6288万円になっているという。

東京23区の平均価格は2年連続の8000万円超えで8236万円と、バブル期並みの水準となっている。

億ションと呼ばれる、1億円を超える高級マンションは、首都圏マンションの5％以上に達しているという。

昨今の高級マンションは、中国人や台湾人が購入しているというイメージがあるが、現実には、さほど多くはない。不動産会社らの話によると、１割程度ではないか、ということである。これについては日本人名義のものもあり、真相は謎である。

ただし一般的にいえば購入者の大半は日本人であり、投資家、事業家、医者などの高額所得者の代表的な職種だという。

なぜこれほど高級マンションは売れているのか？

その理由は、多々あるだろうが、大きな理由の一つとして、「相続税対策」があるのだ。

高級マンションを使った節税は、タックスヘイブンよりハードルが低い。だから、大金持ちじゃなく、中金持ちクラスの人たちがこぞって使っている節税アイテムだといえる。

つまり、節税アイテムとして使用される頻度としては、タックスヘイブンよりもはるかに多いのである。

なぜ高級マンションを買うと相続税対策になるのか？

一般の人には、なかなかわかりづらいところである。

この章では、それを順に説明していきたい。

「家」は相続対策として抜群の効果がある

高級マンションに限らず、そもそも「家」というものは、相続税対策アイテムとして大きな効果を持っている。

相続税の課税対象となる資産とは、原則として、死亡した人の持っている財産すべてということになっている。現金、預金、有価証券などの金融資産だけじゃなく、不動産や自動車、骨とう品などあらゆるものが相続税の課税対象となる。

相続税法では、資産の金額換算は、原則として時価ということになっている。

しかし時価自体がなかなかわかりづらいものもたくさんある。

現金、預金などの金融資産はすぐに金額の換算ができるが、それ以外のものは、簡単に金額の換算ができないものもある。

不動産などの場合も、「その不動産を今売った場合いくらになるか？」ということで、判断されるのだが、実際に売ってみない限りは現実の価格はわかるものではない。

そこで、便宜上、家などの評価額は、土地の部分は「路線価」を基準に、建物部分は、「固定資産税評価額」を基準に決められることになっている。

土地の価値の基準となる路線価というのは、国税庁が毎年決めている道路に面している土地の評価額のことである。この路線価は、市場価格に近い価額が設定されるが、市場価格よりも高くなった場合は、相続税を取り過ぎることになるので、やや低めに設定されている。

また建物のほうの固定資産税評価額は、市区町村の担当者が建物を見て、これはいくらぐらいかというのを算定して決める。そしてこの固定資産税評価額は、年を経るごとに減額されていく。年を経れば建物の価値は下がっていくからだ。

路線価にしろ、固定資産税評価額にしろ、たいがいの場合、市場価格よりも若干低めに設定されている。

しかも建物の場合は、建ててから年数を経るごとに価値は下がっていくので、10年も経てば、半額以下になることも珍しくない。

たとえば、ある人が1億円で家を購入したとする。

この家の内訳は、土地3000万円、建物7000万円である。購入してから20年後に、持ち主が死亡し、遺族が相続することになった。土地の評価額は路線価を基準にすれば1800万円となっており、建物の固定資産税評価額は2000万円となっていた。

相続税の課税対象となる遺産としての評価額は3800万円だったのだ。

つまり、1億円の資産が3800万円にまで圧縮されたのだ。

土地の場合は、値上がりする可能性もあり、すべてのケースが減額になるとは限らない。それでも大半のケースでは、遺産は現預金で残すよりも、家で残したほうが遺産としての評価額は減少するのだ。

マンションや一戸建てならば相続税は80％減額される

このように、そもそも家を残すことは、相続税対策として有利に働くのだが、マンションや一定規模以下の家の場合は、さらに大きな特典があるのだ。

故人と遺族が居住していた「家」の場合は、相続資産の評価額が大幅に下げられるのだ。

相続税には、「小規模宅地等の特例」と呼ばれるものがあり、一定規模以下の住宅を相続した場合、その住宅に死亡した人と同居していた親族は、土地の評価額が80％も減額される、ということになっているのだ。

具体的に言うと、330㎡以内の居住用の宅地を、死亡した人と同居している親族が相続した場合には、土地の評価額が80％減額されるのだ。

同居している親族というのは、もちろん配偶者も含まれる。

だから簡単に言えば「夫が死亡して、妻がその家を相続した場合」は、その土地の評価額は80％減でいいということなのだ。子供が同居していた場合は、子供もこの恩恵の対象になる。

しかも、この330㎡以下という条件は、全国共通なのだ。

都心部であっても、地方であっても、330㎡以内の宅地は、この特例の対象となるわけだ。

当然、都心部に家を持っていたほうが有利となる。

たとえば、都心部で330㎡の宅地（5億円）を持っていても、この特例の対象となる。一方、地方で400㎡（1000万円）の宅地を持っている場合、この特例からはみ出る。だから、地方で広大な家を建てるよりは、都心部で330㎡以内の宅地の家を建てるほうが、相続税対策になる。そしてマンションであれば、どんなに広くても、所有している土地の面積が330㎡を超えることはまずない。

だから、都心部で地価の高い場所のマンションを買えば、相続税対策として非常に有利になるのだ。

高級マンションは固定資産税も安い

高級マンションは、相続税だけじゃなく、固定資産税も非常に有利になっている。

固定資産税というのは、不動産などを所有している人に対して、毎年かかってくる税金である。これが高いか低いかは、不動産の維持費に関係するものである。金持ちというのは、本当に金に渋いので、当然のことながら、この維持費にも、最大の配慮を払う。

そして、維持費の観点から見ても、高級マンションは非常に**「スグレモノ」**なのである。

固定資産税には、狭い住宅地（200㎡以下）には大幅な割引特例制度がある。

本来、固定資産税というのは、土地や建物の評価額に対して、1・4％の税率がかかることになっている。しかし住宅用の狭い土地（200㎡以下）に関しては、固定資産税は6分の1でいいという規定がある（住宅用地の課税標準の特例措置）。

なぜこういう制度があるかというと、住宅地の税金が高くなってしまうと、庶民の生活費を圧迫するからである。だから、200㎡以下の土地には、固定資産税が大幅割引になっているのだ。

この庶民のための税金割引制度を、金持ちは最大限利用しているのである。

というのも、高級マンションのほとんどは、この割引制度を受けられるのだ。

マンションの土地所有面積というのは、建築面積ではない。マンションの敷地を、戸数で割ったものとなる。だから実際の部屋の広さよりも、かなり小さい数値となる。マンションの場合、土地所有面積が200㎡を超えることは、ほとんどない。

つまり、マンション所有の場合は、ほとんどの場合、土地の固定資産税は6分の1になる。

この固定資産税割引制度の条件は、土地の広さだけである。場所や土地の価格はまったく考慮されない。

だから、いくら都心の一等地のマンションであっても、200㎡以下であれば、6分の1になるのだ。

たとえば、郊外に500㎡の土地に家を建てたとする。土地の価格は、2000万円である。この土地は、200㎡を超えているので、固定資産税を丸々払わなければならない。

一方、都心の一等地のマンション（土地の持ち分150㎡）を3億円で買った人がいたとする。土地の相当額は2億円である。が、このマンションの部屋は、土地の持ち分は200㎡を下回っているので、固定資産税は通常の6分の1になるのだ。

自宅用の土地は80％減額できる

小規模宅地等の特例

	居住用 （特定居住用宅地等）	事業用 （特定事業用宅地等）
相続する土地		
相続課税評価	80％減	80％減
上限面積	330㎡	400㎡
適用対象者	●配偶者 ●同居する親族（申告期限まで保有・居住） ●持ち家なしの別居親族※（被相続人〈死亡した人〉に配偶者や同居親族がいない場合のみ）	●事業を引き継ぐ親族（申告期限まで所有・事業継続をしていること。相続開始前3年以内に新たな事業の用地に利用した場合は対象外）
特例の適用効果	例　宅地の課税評価額5000万円 ↓ 1000万円 （80％減）	↓ 1000万円 （80％減）

※相続開始前3年以内に、その者の3親等内の親族またはその者と特別な関係のある法人が所有する国内にある家屋に居住したことがないこと。相続開始時において、居住の用に供していた家屋を過去に所有していたことがないこと
＊複数の小規模宅地を持つ場合は限度額計算あり　週刊ダイヤモンド2023年7月15・22日合併号

タワーマンション節税とは？

「タワーマンション節税」

という言葉を聞いたことがある人もいるだろう。金持ちが節税のためにタワーマンションを買うということで、近年、雑誌などでたびたび取り上げられてきたワードである。

なぜ金持ちがタワーマンションを節税のために買っていたのか、そのカラクリを簡単に説明したい。

前述したように、相続税の対象となる土地は路線価、建物の評価額は固定資産税評価額が基準となるが、この固定資産税評価額は、一つのマンションでは一つの価格しかつかないことになっているのだ。

つまり、高層階のマンションと低層階のマンションは、価格は全然違うのに、広さが同じであれば、相続税の評価額は同じになるのだ。だから高層階の高額マンションを買えば、**低層階と同じ税金（固定資産税、相続税）ですむ**ということだ。

タワーマンションの低層階と高層階では、販売価額はかなり違う。30階建てなどの高層マンションでは、30階付近と1階付近では価格が倍違うこともある。

つまり、高層階のマンションを買えば、相続税や固定資産税が低層階の半分ですむということである。しかも、そもそもマンションというのは、前述したように、相続税対策として非常に有利なアイテムである。さらに「高層階」の特典をうまく利用すれば、相続税の額を10分の1以下に抑えることも可能なのである。

だから高層階マンションは、相続税対策として究極の節税アイテムだったといえるのだ。

ところが、このタワーマンション節税には、落とし穴があった。

というのも、相続税の不動産の評価額を「路線価」や「固定資産税評価額」で決めるというのは、便宜上実施されているだけであって、原則としては「時価で換算される」ことになっているのだ。だから、固定資産税を基準にして申告していても、税務署から時価で換算されて修正される恐れがある、ということである。

そして税務当局は、タワーマンション節税を快く思っておらず、明らかな節税目的のタワーマンション購入に対しては追徴税を課したこともあるのだ。

しかも裁判となり、平成23年には最高裁の判決が出されて、国税の勝利となっているのだ。

この裁判の内容は次の通りである。

平成19年7月、A氏が病気で入院した。A氏は、この翌月に、タワーマンションの高層階（30階部分）を2億9300万円で購入した。その翌月の平成19年9月、A氏は死亡した。

平成19年11月、遺族はタワーマンションの名義をA氏から、自分たちに変更した。

そして遺族は、このタワーマンションを5800万円として相続税の申告を行った。

相続税に関しては「財産評価基本通達」により、土地は路線価、建物は固定資産税評価額を基準に財産評価を行うということになっているからである。「財産評価基本通達」というのは、相続税の財産評価をする目安として、国税庁が発したものである。法律のような絶対性はないが、この通りにしていれば、国税側は文句を言わないというような暗黙の了解がある。

平成20年7月には、A氏の遺族がタワーマンションを2億8500万円で売却した。

つまりは、相続資産としては5800万円しか申告していないマンションを、翌年には2億8500万円で売っているのだ。

相続資産を5分の1に圧縮しているわけだ。

ところが、この遺族の相続税申告に国税が待ったをかけた。

財産評価基本通達で評価した5800万円ではなく、タワーマンションの購入金額である2億9300万円で申告するべきであるとする処分を行ったのだ。

A氏の遺族としては、「財産評価基本通達」に定められた通りに申告を行ったとして、「国税不服審判所」に不服申立を行った。

税務に関する訴訟をする場合、裁判を起こす前に、国税不服審判所というところで、不服申立をすることができるのだ。国税不服審判所では、国税の職員や第三者による審査が行われ、裁判を起こす前に、法の是非をある程度占うことができるのだ。

しかしこの国税不服審判所は、A氏の遺族に不利な審判を下した。

「このタワーマンションは、被相続人が死亡する前後の短期間に一時的に所有したにすぎず、通常の財産とは違う（つまり節税目的で一時的にタワーマンションを購入しただけ）。そういう財産について実際の価値とは大きくかけ離れた資産評価をすることは、納税者間の公平を害する」

として、タワーマンションの購入金額である2億9300万円で申告するべきであるとしたのだ。

実は「財産評価基本通達」の第6項には、次のような定めがある。

「この通達の定めによって評価することが著しく不適当と認められる財産の価額は、国税庁長官の指示を受けて評価する」

つまりは、基本的に、財産の評価はこの通達通りに行えばいいのだが、それが著しく不公正になるような場合は、国税庁長官の指示により変更できる、ということなのだ。

A氏の遺族の場合は、この規定が適用されたのである。

A氏の遺族は、国税不服審判所の審判を不服として、さらに裁判を起こした。

しかし、最高裁でも次のような判決が出たのだ。

「相続財産の評価においては、財産評価基本通達の定めにより評価することが原則であるが、それによらないことが相当と認められるような『特別な事情』がある場合には、他の合理的な時価の評価方法により評価することが認められている」

つまり最高裁の判決においても、A氏のこのタワーマンション節税は認められなかったのだ。

タワーマンション節税が不可になった?

さらに2018年度から、固定資産税の評価額が改正された。20階以上のマンションの高層階に対しては、階を上がるごとに高くなるように設定されたのだ。最大で1階と最上階の差は、10数%程度になる。

また「財産評価基本通達」の第6項に、「この通達の定めによって評価することが著しく不適当と認められる財産の価額は、国税庁長官の指示を受けて評価する」という文言があることは、タワーマンション節税はいつでも否認される恐れがある。

相続税の財産評価は、原則的には「時価」である。タワーマンション節税は、この時価の原則から見れば、明らかに逸脱している。だから国税から見れば、いつでも否認できるという状況なのだ。

そして2023年についに国税庁は、このタワーマンション節税をつぶしにかかった。

路線価と実勢価格があまりに乖離するような不動産に関しては、調整を図ろうということになったのだ。

具体的に言えば、これまで実勢価格の3分の1程度になっていた相続税評価額を3分の2程度まで引き上げようとなったのである。これは一戸建ての相続税評価額とほぼ同じ割合だ。

つまり、「タワーマンション節税」を実質的に無力化させようというわけなのだ。

国税庁は現在（2023年8月）、この新制度を2024年1月1日からの導入を目指しているとみられている。まだ現在のところ新制度は成立していないが、今後の動向次第ではタワーマンション節税は無力化してしまうかもしれない。

該当者は注意が必要である。

ただし、「330㎡以内の住宅地の相続税評価額は8割減額」という小規模宅地等の特例はまだ残っているので、地価が高い場所での高級マンションの節税効果は今も健在ということである。

アパート、マンション経営をする資産家たち

ビジネス誌などでは、よく**「アパート経営をすれば相続税の節税対策になる」**ということが述べられている。

また実際に、アパートやマンションを経営している資産家は多い。

なぜアパートやマンションの経営は、節税になるのか、その仕組みを説明したい。

アパート、マンション経営での節税は、大きく二つのポイントがある。

一つは、アパート経営のための土地は、200㎡までは相続税の評価額が一般の土地よりも50％も減額される、ということである。たとえば、1億円の土地を買ってアパート経営をしていた場合、経営者が死亡し、親族がその事業を引き継げばその土地は5000万円として評価されるのだ。※

もう一つは、ローンを組んでアパートなどを購入すれば、その分、相続税の対象となる資産が減額される、ということである。

相続税の課税対象となる相続資産というのは、資産から負債を差し引いた残額に対してかかってくる。だから、アパートやマンションの建物を購入するときに、銀行から多額の

相続税の課税価格の計算方法

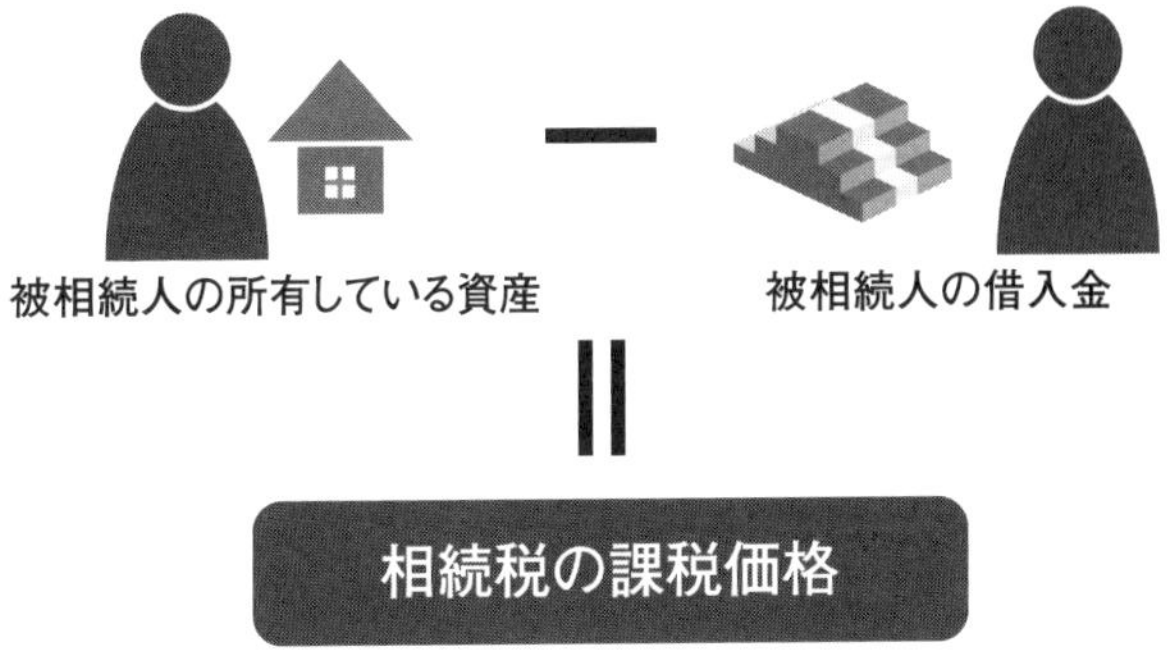

借入金をすれば、その借入れ分が資産から差し引かれるということだ。

このアパート、マンション経営は、昔から地主の定番の相続税対策だった。広い土地を持っている人は、その土地をただ自分の持ち物として持っていれば、死亡したときにまともに相続税がかかる。

しかし、アパートやマンションなどを建てれば、「貸付事業用の土地」ということになり、土地の評価額が半分に減額されるのである。

また建物の評価額というのは年々減っていくが、銀行からの借入金というのは、徐々にしか減っていかない。だいたいの場合、建物の評価額の減り方のほうが、銀行からの借入金の減り方よりも早い。

被相続人が死亡した時点で、建物の評価額よりも、銀行からの借入金のほうが多い、というケースも多々ある。そして借入金がはみ出た分は、相続資産の減額ということになる。

そのため、相続税を抑えることができるのだ。

第４章

社団法人、生命保険、養子…多様な逃税スキーム

資産家たちの多様な逃税スキーム

これまで、タックスヘイブン、高級マンションを利用した相続税逃れの方法をご紹介してきた。金持ちとは、節税のためにこれほど多くのバリエーションを持っているのかと驚かれた人も多いはずだ。

しかし、驚くのはまだ早い。

資産家たちは、もっと多様な方法を持っているのである。

そして、それは資産家のみが考え出すものではない。

金融機関なども資産家の資産に関与するため、相続税逃れのスキームを考え出したり、また税理士、会計士などが新たなスキームを開発することも多い。

この章では、そういう多様な相続税逃れのスキームを紹介していきたい。

まずは、社団法人というスキームである。

このスキームはどういうことかというと、金持ちが社団法人をつくって自分の資産をぶち込み、その社団法人を自分の子供などに譲ることで、無税で自分の資産を譲渡するという方法である。

「社団法人」というのは、ざっくり言えば剰余金の分配を目的としない法人のことだ。

社団法人には、公益的な事業を行うようなイメージがあるが、必ずしもそうではない。

社団法人には、「公益社団法人」と「一般社団法人」があり、「一般社団法人」は公益性はなくても、つくることができる。

以前は、社団や財団というと、必ず公益性が求められていたが、平成20年12月1日に「一般社団法人及び一般財団法人に関する法律」という法律が施行され、公益性がなくても「一般財団法人」「一般社団法人」というものが、つくれるようになったのだ。

「一般社団法人」は、普通にアパート経営をしたり、いろんな収益事業を行うなど、企業としての活動をしても構わない。

ほとんど普通の法人（会社）と同じである。


「一般社団法人」と普通の法人（企業）となにが違うのかというと、**「配当の分配をしない」**ということである。

普通の法人（企業）であれば、事業を行って、利益が出れば株主に配当金を支払う。しかし、社団法人の場合は、配当はせずに、利益は法人の中に貯め置かれるのだ。

一般社団法人と普通の法人（企業）の違いは、その点だけといってもいい。他にも若干の違いはあるが、もっとも特徴的な部分は、そこだけだ。

そして以前は、社団というのは、官庁の許認可がないとつくれなかった。

しかし、現在は、一定の要件さえ満たせば、誰でもつくれるようになったのだ。

一定の要件の主なものは、

・発起人（社員）が2名以上いる

・登記をする

であり、簡単なものだ。

だから、つくろうと思えば誰でもつくれる。

社団法人の逃税スキームとは？

社団法人の逃税スキームについて、具体的に説明したい。

まず自分が死んだら相続税がかかるであろうという資産家が社団法人をつくる。

資産家が社団法人をつくって、自分のお金を拠出するときには、税金がかからない。

普通、自分の資産を誰かにあげたりすれば、贈与税がかかってしまう。贈与せずに、死後に譲った場合は相続税がかかる。しかし社団に拠出したことにすれば、贈与税も相続税もかからないのだ。

そして、その社団法人に、自分の資産を相続させたい者（子供など）を理事として送り込む。社団法人の理事については、なにも規制はないので誰でも入れることができるのだ。

自分が死んだとき、その自分の資産はその社団法人の所有物なので、遺族にはなにも税金はかからない。が、その社団法人は、理事（遺族）たちの事実上の所有物なので、**実質的に無税で遺産を相続する**ことになるのだ。

また身内を社団の役員や職員にして、給料を払うことで、資産を分配するという手もある。社団に全財産をつぎ込んで、それを給料として身内に数年間かけて分配するのだ。

たとえば、10億円の財産を拠出して、社団をつくったとする。

その社団に自分の親族を5人、職員として雇用させる。それぞれに1000万円ずつ給料を払ったとする。

つまりは、自分の資産を財団の給料として、親族に移すことができるのだ。10年で5億円、20年で10億円の資産を、自分の親族に移せる。

親族の給料には所得税が課税されるが、相続税に比べればかなり低くなる。

また給料として払わずに、物を与えれば、所得税さえ課せられない。社団法人の持ち物ということにして、役員や職員に家や車を買い与えるのだ。

本来、それだけのものを給料としてもらえば多額の税金がかかる。でも、社団の持ち物ということにしておけば、まったく税金がかからずに、それを手にすることができるのだ。

社団の運営には、監督官公庁も一応、指導をすることになっているが、それも甘いものである。だから社団のお金の使い道は、設立者、運営者の意のままなのだ。

社団の活動は、その構成員の協議で決められる、という建前がある。

でも社団の構成員は、創設者の息がかかった人しかいないので、実質的に社団の資産は、つくった人の思いのままになる。第三者を入れなくてはならないという法律もなければ、財産の運用をチェックする外部機関もない。

このようにして、資産家たちは、社団法人をうまく利用して、相続税を逃れているのだ。

平成30年に大幅な制度改正が！

税務当局としても、これほどわかりやすい相続税の抜け穴を、そうそういつまでも放置しておくわけにはいかない。

だから、平成30年には大幅な制度改正があった。

どういう改正かというと、簡単に言えば、親族ばかりで占められている社団法人で資産の提供者が死亡した場合、その理事たちが遺産相続したこととして、相続税を課すということである。

ここで言う「親族ばかりで占められている社団法人」とは、具体的にいえば次のようになる。

- **相続開始直前の時点で、「同族役員」が全役員の2分の1を超えている場合**
- **相続開始前の5年間で、「同族役員」が全役員の2分の1を超えている状態が3年以上の場合**

つまりは、役員の過半数を同族役員が占めていたら、相続税が課せられるということである。

同族役員とは、どういう者を指すのかというと、次の通りである。

・被相続人（死亡した本人）
・被相続人の配偶者（夫or妻）
・被相続人の3親等内の親族（親・子・祖父母・孫・兄弟姉妹・曽祖父母・曾孫・おじ・おば・甥・姪）
・被相続人と特別な関係を持つ者（たとえば被相続人が役員を務める企業の従業員等）

それでも抜け穴はある

このように平成30年の法改正により、これまでのような相続税逃れはできなくなった。だからといって、このスキームがまったく使えなくなったかといえば、そうでもない。相続税の課税の対象になるのは、同族役員が過半数の社団法人だけである。だから、非同族役員をたくさん入れて、過半数を下回るようにすれば、相続税の課税の対象にはならないのである。

また社団に身内を入れて、給料として資産を分配するという方法は、今もまったく健在なのである。

そもそも、社団法人の制度自体がなんのためにあるのか、よくわからない。公益性のある事業を行うのであれば、そこそこ意味があるのが、公益性のない事業をやるのであれば、まったく意味はない。

普通の事業をするのであれば、普通に「会社」をつくればいいはずである。わざわざ税規制などがゆるい「社団法人」という制度をつくらなくてもいいはずだ。

先ほども述べたように、社団法人と普通の会社の違いというのは、利益が出たときにそれは株主に分配するかしないか、というだけの違いだけである。日本の中小企業のほとんどは、株主への配当などはほとんど行っていない。

つまりは、日本の中小企業のほとんどは、社団法人と似たような性質を持っているのである。

なぜ、わざわざ社団法人という制度をつくったのか？　そもそも、資産家のための逃税スキームを、税務当局が自らつくってやったのではないか、ということである。税務当局というのは、煎《せん》じ詰めれば与党のお偉いさんたちである。彼らは資産家たちと密接なつながりがあるので、資産家たちに恩恵のある制度をつくったのではないか。そして、世間の批判を浴びたために、規制をかけたということではないのか？

税の世界というのは、しばしばこういう不可思議なことがあるのだ。

「タックスシェルター」を使った逃税

相続税を逃れる方法として、「タックスシェルター」を使うというものもある。

この「タックスシェルター」という言葉は、一般の人には、あまりなじみがないと思われる。

「タックスシェルター」ではなく、「タックスヘイブン」という言葉ならば、ご存じの方も多いだろう。

タックスヘイブンというのは、前述したように税金のほとんどかからない国や地域のことである。

これに対し、タックスシェルターというのは、**「税金のかからない商品」**のことである。

その商品を買えば、税金が安くなるというものだ。

その商品を買えば、その商品の分だけ課税資産が少なくなる。しかし、その商品には潜在的な金銭的価値がある。つまり、自分の資産を保持したまま、課税資産だけを少なくするということである。

一般の人には、「?」なことだろう。具体的に説明しよう。

タックスシェルターというのは、だいたい「保険商品」が多い。

保険会社が、富裕層を相手に税金が安くなる商品を開発するのだ。

保険会社というのは、昔から、タックスシェルターの商品開発を行ってきている。つまりは、法の抜け穴を突いた**〝危ない節税〟**の手助けをして、金儲けをしてきたのだ。保険会社には、そういう裏の顔があるのだ。

たとえば、過去にこういうタックスシェルターがあった。

それは「生命保険」の体裁をとっている。その生命保険には、普通とはちょっと違った特徴があるのだ。

会社が社長に生命保険を掛けた場合、保険金の受取人が会社であれば、原則として会社の経費に計上することができる。

が、生命保険には、死亡したり入院したりしたときに受け取る「保険部分」と、満期になったり解約したりしたときに受け取る「貯蓄部分」がある。会社が生命保険を掛けた場合、「保険部分」は会社の経費にできるが、「貯蓄部分」は経費ではなく資産とすることになっている。

このタックスシェルターは、契約の中で「保険部分」と「貯蓄部分」をあいまいにしてあったのだ。そうすれば、どれだけ経費にすればいいのかもあいまいになる。

当時の税法では、「保険部分」と「貯蓄部分」が明確に分かれている場合は、経費と資産計上に分けなければならないが、明確に分かれていない場合は、全部、経費にしていいということになっていたのだ。

この法の盲点を突き、あえて「保険部分」と「貯蓄部分」をあいまいにした商品をつくったのである。

その生命保険に入れば、保険料を会社の経費で落としながら貯蓄ができる、つまり税金を払わないで資産を増やす、ことができるのだ。

たとえば、ある年に会社の利益が2000万円出ていた場合、2000万円の生命保険に入る。そうすれば、会社の利益はゼロになるので、法人税等はかからなくなる。

そして数年後には、その掛け金2000万円の90％以上を保険会社から「解約返戻金」などの名目で返してもらえるようになっているのだ。

もちろん、こういうタックスシェルターが出回れば、会社の税金はなかなか取れなくなる。会社の利益が上がればタックスシェルターを買って、利益を相殺《そうさい》してしまうからだ。だから、国税当局としては、こういうタックスシェルターが出回ると、新たな法律をつくって、抜け穴をふさぐのである。

しかし、**保険会社もめげずに新しいタックスシェルターを開発する**のだ。

そういういたちごっこが、数十年も続いているのだ。

ビートたけしがやっていた相続税の裏ワザ

昨今では、孫を養子にするという節税方法も盛んに使われるようになった。

この節税方法は、タックスシェルターのような脱法ギリギリのものではなく、ごく普通に行われている相続税の節税方法の一つである。

たとえば２０１５年９月12日の朝日新聞に、次のような記事が掲載された。まずは、この記事を読んでもらいたい。

孫を養子に

遺産をもらった家族らにかかる相続税を節税する動きも盛んだ。

都内の30代の男性は３年前、他界した祖父の遺産５億円を１人ですべて相続した。

通常ならば孫は法定相続人になれないが、祖父の強い意向で「養子」になっていたのだ。

祖父の法定相続人は配偶者の祖母と、実子の娘2人だったが、全員の同意のもとであえて孫に遺産を集中させた。家を継げる男性が孫以外にいなかったこともあるが、相続税を減らす狙いもあった。

祖母や娘を経由して孫に遺産が相続されると、相続税も複数回納めなくてはならないが、祖父から養子への相続なら1回の納税で済む。「孫養子」と呼ばれる手法で、この男性のケースでは約1億3000万円の節税が見込まれるという。孫養子は土地長者が増えたバブル期に増えたとされるが、税理士らによると、今年の相続増税を機に再び広がっているという。

だが、このやり方にはリスクもある。親族間の同意がないまま孫養子に遺産相続が集中すれば、別の遺族の遺産の取り分が減り、トラブルに発展しかねないからだ。税理士の紹介会社ビスカスの八木美代子代表は「99%の相続が『争続』になる。過去の負の記憶を持ち出したり、配偶者が横やりを入れたりして、感情のもつれが解消しないことが要因」といい、時間をかけた対策を勧める。

相続税上の法定相続人になれる養子の条件

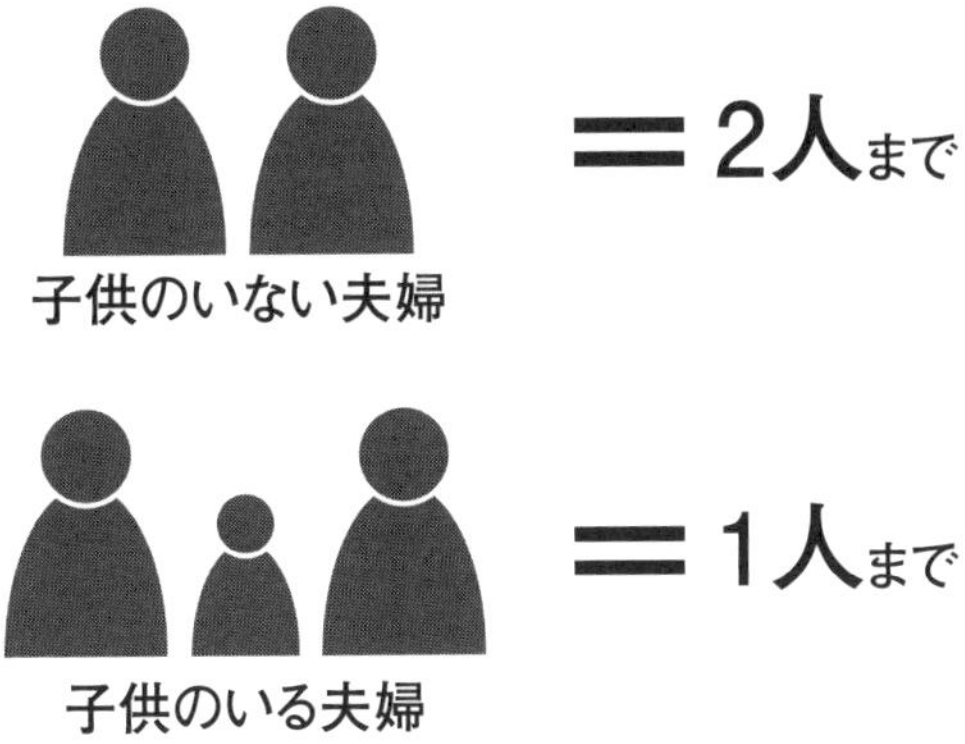

　このように、孫を養子にする人が増えているわけだが、なぜ孫を養子にすれば、節税になるのか、ということをご説明したい。

　相続税というのは、**「法定相続人」**の数が大きな役割を果たす。

　相続税の基礎控除額は（６００万円×法定相続人の数＋３０００万円）という算式で求められる。

　もし、法定相続人が２人だった場合は、（６００万円×２人＋３０００万円）となり、合計で４２００万円である。つまり、４２００万円までの相続財産には相続税はかからないということだ。

　この算式を見ればわかるように法定相続人の数が多いほど、相続税の基礎控除額は大きくなる。つまり、法定相続人が多ければ多いほど、相続税を払わないですむ額が増えるということだ。

しかし法定相続人というのは、基本的に「配偶者」と「子供」となっている。

つまりは、夫（妻）と親子である。

だから、妻と子供を残して死んだ場合は、妻と子供が法定相続人となる。子供がいない場合は、両親も法定相続人になり、子供も両親もいない場合は、兄弟姉妹も法定相続人になる。

なので、基本的には、孫は法定相続人にはなれない。

が、相続税の裏ワザとして「養子」という手があるのだ。

子供がいない夫婦などが、時々、養子縁組をすることがある。

この養子は、相続税的には、子供として「法定相続人」として扱われる。

ただし、養子はすべて無条件で法定相続人になれるわけではなく、子供のいない夫婦で2人まで、子供のいる夫婦は1人までという制限がある。

なので、孫を養子にすれば、法定相続人が1人増えるということになるのだ。

法定相続人が増えれば税率が下がる場合もある

そして相続税というのは、遺産の額が多ければ多いほど税率が上がる**「累進課税」**になっている。

が、遺族が相続した遺産全体にかかってくるものではなく、遺産をもらった遺族１人ひとりに対して、そのもらった遺産の額に応じてかかってくるものである。

だから、なるべく多くの法定相続人に遺産を分散して、１人ひとりのもらう額を減らしておけば、相続税を低く抑えることができるのだ。

たとえば、相続税対象資産額２億円を残して死亡した人がいたとする。相続人が実子１人だった場合、相続税額は次の計算になる。

相続税対象資産額２億円×税率40％－控除額１７００万円＝相続税納税額６３００万円

つまりは、相続税を６３００万円払わなくてはならないのだ。

が、これにもし養子１人が加わり、実子と養子が１億円ずつ分け合った場合は、どうな

実子と養子が1億円ずつ相続した場合

実子の分の相続税額

実子の分の相続税額1億円×税率30%−控除額700万円

=

相続税額2300万円 A

養子の分の相続税額

養子加算額2300万円×20%=460万円

A 2300万円+加算額460万円

=

納めるべき相続税額2760万円 B

この遺族（実子と養子）の相続税額の合計

A 2300万円+B 2760万円

=

相続税額合計5060万円

るかというと、前ページの図のような計算になる。

この算式でわかるように、実子と養子が２人で分けた場合は、相続税額の合計は５０６０万円ですむ。実子１人が全部相続したときよりも、１０００万円以上も少なくてすむのだ。

これが、もっと大きな額の相続となれば、数億円単位で納税額が変わってくることもあり得る。

孫を養子にすれば相続税１回分が飛ばせる

そして、孫を養子にした場合、もう一つの相続税対策にもなるのだ。

普通、相続というのは、親子の間で行われる。

親が死ねば子供に、その子供が死ねば、その子供の子供（孫）に、という具合にである。だから、通常であれば、孫に相続されるときというのは、一度子供が相続し、その子供が死んだときである。

つまり、孫というのは２回目に相続を受けることになるのだ。

普通に孫が相続する場合の相続税

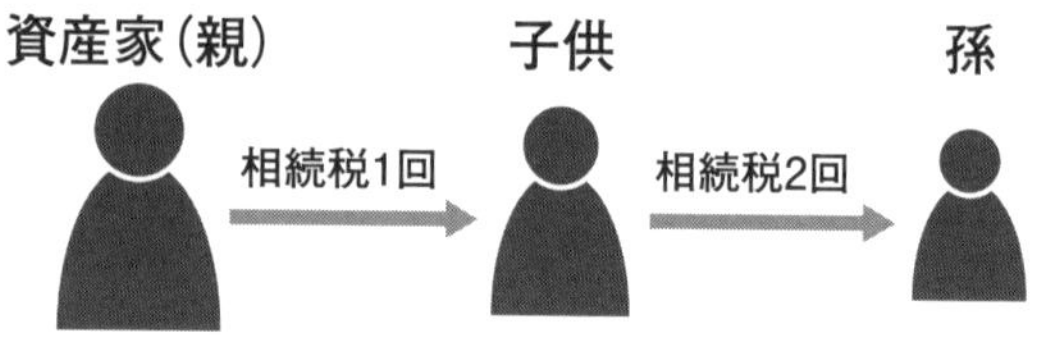

孫を養子にした場合の相続税

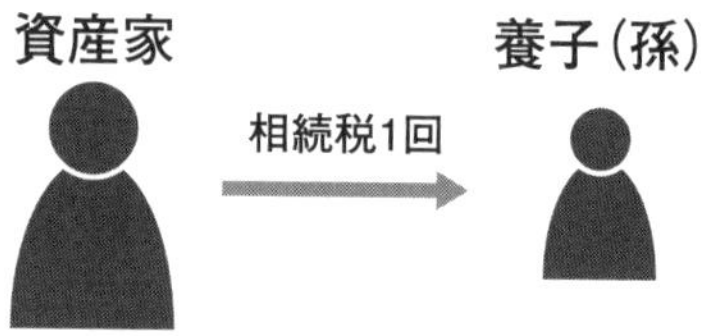

そして、２回目の相続ということは、「相続税」が二度発生することになる。子供が親から相続するときに１回相続税を払い、次に孫が相続するときにも相続税が発生するからである。

が、孫を養子にしておけば、相続税１回分を払わなくていいわけだ。

相続税というのは最高税率55％なので、資産家にとってはバカにならない。相続税を２回払えば、単純計算では、１００の資産が20になってしまうのだ。

それを避けるために、孫を養子にして、相続税を１回減らそうというわけだ。

この相続税対策は、資産家の間で広く行われており、あのビートたけしも長女の子供を養子にしている。ビートたけしの場合は、長女が離婚などをし、当時の妻が孫の面倒を見ていることなどが、孫を養子にした理由だとされている。もちろん、そういう理由もあるだろう。

が、ビートたけしの場合、資産は数十億円規模であるとみられており、孫を養子にすればかなりの節税になることは間違いない。当然、そのことも知ったうえでの養子縁組だと思われる。

養子による相続税対策の落とし穴

養子縁組をすることによる相続税対策には、落とし穴もある。

それは、養子の場合は、通常の相続の2割加算という制度があるということである。

親子関係以外の法定相続人の場合（兄弟姉妹などが法定相続人になった場合）、相続税は2割加算するという制度がある。この制度は、養子にも適用されるので、養子の場合は、実子よりも相続税を2割余計に払わなければならないのだ。

たとえば、相続人が実子2人、養子が1人の合計3人だったとする。そして、基礎控除後の相続人1人ひとりの相続税対象資産額が1000万円だった。

となると、相続税対象資産額が1000万円以下だと、税率は10％なので、通常は次のような計算になる。

相続税対象資産額1000万円×税率10％＝100万円

そして、実子2人はこの100万円が、納めるべき相続税額となる。しかし養子の場合は、この100万円に2割加算されるため、120万円が納めるべき相続税額となる。相続税というのは、数億円単位で生じることもあるので、2割の加算となると、かなり大きい額になることもある。

それでも2割多く払ったとしても、相続税を1回、回避できるので、資産家にとっては節税になるケースが多いといえる。

お得な生前贈与を選択する時代に

暦年贈与と相続時精算課税の違い

暦年贈与	項目	相続時精算課税
年間110万円まで非課税	贈与税非課税枠	**累積で2500万円**まで非課税（有利）
なし	贈与税特別非課税枠	**毎年110万円**（有利）
（有利）相続発生前4～7年の贈与金額合計のうち**100万円**	相続時非課税枠	**110万円×贈与した年数**（有利）
税制改正で3年 **→最高で7年**に延長	相続財産に加える期間	(選択後の)**全期間**
年間110万円以内は不要	贈与税の申告	年間110万円以内は不要
（有利）**あり**	大きな金額の贈与節税	なし
（有利）**制限なし**	贈与者	60代以上の**親**
（有利）**制限なし**	受贈者	18歳以上の**子供・孫**
110万円を超えた額の **10～55%**	贈与税率	2500万円を超えた額の **20%**（有利）
相続発生から7年前よりも昔の生前贈与では**贈与節税**できる	メリット	相続税の**非課税枠**がある
相続発生前の7年以内は、最大で100万円の非課税枠しかない	デメリット	相続発生前7年超の贈与節税ができない
いつ相続が発生するかはわからない(贈与の**ベストタイミングがわからない**)	注意点	一度選択すると**変更できない**(相続時、物納、小規模宅地等の特例、空き家の3000万円控除が使えなくなる)

出所:税理士法人レガシィ

生前贈与「相続7年前」まで課税！

相続税・贈与税改正のポイント

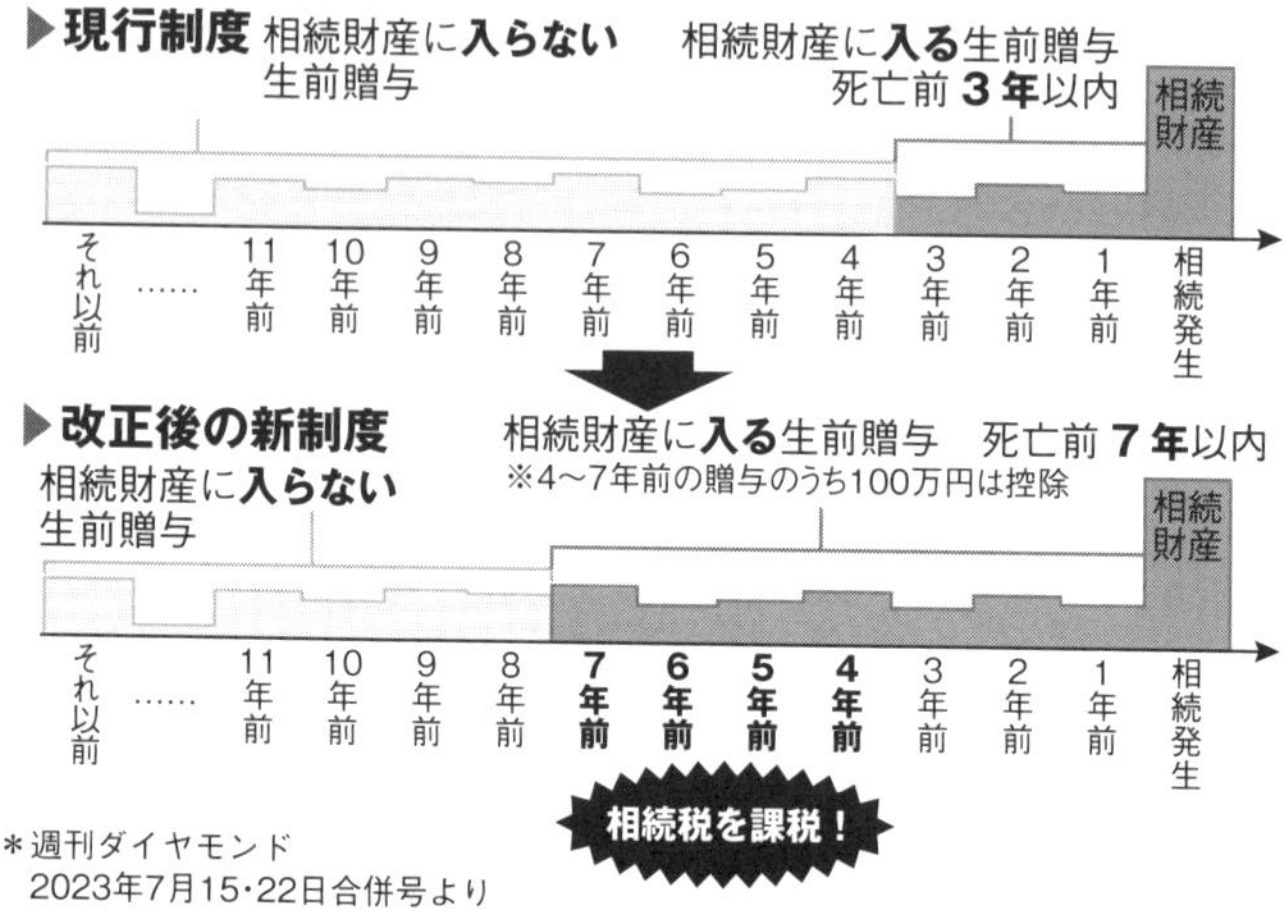

＊週刊ダイヤモンド
2023年7月15・22日合併号より

相続と生前贈与のルールが激変！

2023年度税制改正4大ポイント

ポイント①	相続財産に加算する生前贈与を相続3年前➡**7年前へと延長**（4〜7年前の贈与のうち100万円は控除）	➡ 暦年贈与の相続税対策のハードルが大幅アップ **駆け込み贈与は2023年中に!**
ポイント②	相続時精算課税制度に**年110万円の基礎控除**を新設	➡ 相続税対策の**使い勝手が向上** 有力な選択肢へと浮上
ポイント③	孫・子供の配偶者への生前贈与は改正の**対象外**	➡ 孫・子供の配偶者に生前贈与する相続税対策は**従来通り使える**
ポイント④	教育資金と結婚・子育て資金の**一括贈与の特例は延長**	➡ 教育資金贈与は**26年3月**まで 結婚・子育て資金贈与は**25年3月**まで使える

第5章

社長の子供が社長になれる理由

社長の子供が社長になる本当の理由

日本には、社長と呼ばれる人がどのくらいいるか、ご存じだろうか？

そもそも社長というのはどういう立場の人か、今一度説明しておきたい。社長というのは、会社の長である。

もちろん、そんなことは、みなさんご存じのことだろう。

では、会社というものは、そもそもどういうものなのか、ご存じだろうか？

会社というのは、会社としての登記をした事業者のことである。

この「会社としての登記をしている事業者」は、現在だいたい170万社くらいである。

つまり、日本で社長と呼ばれる人は、170万人くらいなのだ。

会社の登記をしていない個人事業者でも、従業員には社長と呼ばれていたり、飲み屋街では社長と呼ばれていたりする人もいる。ただし彼らのことは、ここでは社長には含めない。

正式に会社登記している会社の社長だけの話である。

それが、だいたい170万人くらいということなのだ。

そして、証券取引所に上場している会社は、4000社足らずである。ということは、日本の会社の99%以上は、非上場会社ということになる。つまり、日本の会社のほとんどは非上場会社なのである。

が、非上場会社といっても、吹けば飛ぶような零細企業ばかりではない。長い間、大々的に稼いでいる会社も多々あるのだ。何十億、何百億円の資産を持っている会社もたくさんある。

実は、この非上場会社というものは、相続税のうえで非常に優遇されているのである。非上場会社の経営者一族は、相続をスムーズにするために**「事業承継税制」**という制度が設けられている。

「事業承継税制」というのは、中小企業の世代交代などがうまく行くよう、先代が死亡した際には、次世代に事業用資産をそのまま受け継がせるようにしている税金の特例措置である。

一定の条件を満たして、中小企業の株式を後継者が取得すれば、相続税などの納税を猶予するというものだ。

具体的にいえば、事業の承継を前提に、自分の会社の株式(非上場)を後継者に贈与した場合、「雇用承継してから承継前の雇用の8割を5年間維持する」という条件を満たせば、株の3分の2にまでは贈与税がまったく課せられないのだ。

また、先代が死亡してから株を引き継いだ場合も、同様の条件で、相続税の8割が免除されるというものである。

この「事業承継税制」を使えば、株の3分の2までは無税で後継者に引き継がせることができるのだ。しかもこの事業承継税制は2018年4月から10年間の特例措置が設けられ、株式の100%が免除されることになり、雇用維持の条件もはずされたのである。

事業承継税制というのは、つまりは会社の世襲制を奨励しているようなものである。

しかし会社という制度は、そもそもそういうものではない。

会社というものは、そもそも**「個人事業ではできないこと」**をするために、つくられた制度なのである。

「資金や人材を社会に広くもとめダイナミックな事業展開を行う」

それが会社という制度の本来の目的である。封建時代の世襲制を打破するためのものだったのだ。

が、現在の日本では、会社という制度は、「世襲制を守るため」「節税をするため」のアイテムとして使われているのだ。この点において日本は、会社というものの使い方がおかしいといえるのだ。

「必死に頑張っている町工場や零細商店などを存続させるためには、相続税で優遇したりするのも仕方がないのではないか」

と思う人もいるだろう。

が、必死に頑張っている小さな町工場や零細商店などは、そもそも相続問題などは発生しないのである。相続税が発生するほどの資産はないし、儲けが少ないので子供も後を継ぎたがらない。

相続税的に優遇されているのは、子供が後を継ぎたくなるような「資産も儲けもしっかりあるような会社」なのである。

「事業承継税制」を使えば、ほぼ全財産を引き継げる

「事業承継税制」というのは、事業を円滑に次の世代に引き継ぐための税制である。

「事業の円滑な引き継ぎのためには、こういう制度があっても仕方がない」

と思う人もいるだろう。

事業承継税制の現行（一般）と特例の相違点

項目	現行(一般)の 事業承継税制	特例事業承継税制
対象株式	発行済議決権株式 総数の3分の2	全株式
相続時の 猶予対象評価額	80%	100%
雇用確保要件	5年平均80%維持	実質撤廃
贈与等を行う者	**改正前** 先代経営者のみ **改正後** 複数株主	複数株主
後継者	後継経営者 1人のみ	後継経営者3名まで (10%以上の持株要件)
相続時精算課税	推定相続人等 後継者のみ	推定相続人等 以外も適用可
特例経営承継期間 後の減免要件の 追加	民事再生・会社更生時 にその時点の評価額 で相続税を再計算し 超える部分の猶予税 額を免除	譲渡・合併による 消滅・解散時を 加える
特例承継計画の提出	不要	要
提出期間	—	平成30年4月1日から 令和6年3月31日
先代経営者からの 贈与の期間	なし	平成30年1月1日から 令和9年12月31日

が、この制度が事業の円滑な引き継ぎのためだけに使われているかといえば、そうではない。

というのも、この「事業承継税制」をうまく使えば、会社の運営権だけでなく、自分の全財産を次の世代に引き継がせることができるのだ。

会社というものは、一般の人が思っているよりもずっと、創業経営者にとって便利でいいものなのである。

たとえば、自分の家や車なども、すべて会社の名義にしておいて、会社の金で購入することができる。

家や車など、自分の主な資産は、名義上は会社の所有となっており、自分は会社から借りているだけ、という体裁をとっている場合も多い。しかし、会社のオーナーは自分なので、実質的には自分が所有しているのである。

そして自分の財産をすべて会社名義にしておけば、その会社を次の世代が引き継ぐときに、家、土地、車など、自分の財産も一緒に引き継がせることができるのだ。

つまり、事業承継税制を使えば、会社の経営権だけじゃなく、ほぼ全財産を無税で次世代に引き継がせることができるのだ。

ジャニーズ事務所の正しい相続税対策

この事業承継税制を最大限に活用したとされるのが、かのジャニーズ事務所なのである。

ジャニーズ事務所は、創業者姉弟であるジャニー喜多川氏（2019年死去）と、メリー喜多川氏（2021年死去）が近年、相次いで死去した。この姉弟はジャニーズ事務所の株を合わせて70％持っていたとされ、その資産価値は3000〜4000億円ともされている（同社は非上場企業なので資産の明細はわからない）。

この姉弟の株はすべて、メリー喜多川氏の長女である藤島ジュリー景子氏が相続し、現在、同氏がジャニーズ事務所の株を100％持っている。

まともに払えば、少なくとも数百億円単位の相続税が発生していたはずだった。が、藤島ジュリー景子氏は、相続税をほとんど払っていないとみられている。

それは、この事業承継税制の特例措置を活用しているからなのだ。

前述したように事業承継税制は平成30（2018）年から10年間の特例として、事業を承継した遺族は、相続税を100％猶予されている。藤島ジュリー景子氏は、ジャニーズ事務所の事業を承継しているので、この相続税100％猶予の対象となっているのだ。

この特例措置が始まったのが平成30（２０１８）年で、ジャニー喜多川氏が死去したのが令和元（２０１９）年なので、まるで同社のための特例のようなものである。

ただ、この事業承継税制を受けるには、事業経営者として5年間は業務を行わなければならない。

同社の性加害問題で大騒ぎになっても藤島ジュリー景子氏が代表取締役の座を降りようとしないのは（２０２３年9月現在）、この相続税問題が大きな要因とも言われている。彼女が代表取締役を降りれば、最低でも数百億円ともされる莫大な相続税が課せられることになるからだ。

この問題について藤島ジュリー景子氏は週刊誌などで叩かれているが、筆者は代表取締役をやめないことは正解だと思う。というのも彼女が代表取締役をやめれば、莫大な相続税が課せられるので、被害者への補償金の原資がそれだけ減るからだ。

つまり被害者への補償金になるはずのお金が、国にもっていかれるかもしれないのだ。

おそらく藤島ジュリー景子氏が代表取締役を辞めて相続税が課せられた場合、数百億円ともいわれる相続税を、自分の手持ちの現金等で支払うことは無理だと思われる。となると、彼女は、ジャニーズ事務所の株を国に現物納付することになる。

国は徴税業務を最優先するので、ジャニーズ事務所の株を取得すれば、すぐに現金化に走る。

ジャニーズ事務所の被害者への補償金などがすぐに決定して支払いを行えば、国もそれを妨げることは難しいが、補償金の決定や支払いはそう簡単にはいかないと思われる。

その間に国がジャニーズ事務所の資産を押さえたり、切り売りしたりするかもしれないのだ。

現在の日本に税金を支払うことは、金をドブに捨てるに等しいものであり、ましてや性被害者への補償金の原資が税金の支払いで目減りしてしまうのは、絶対に避けなければならない。

ジャニーズ事務所の資産関係を厳重管理し、藤島ジュリー景子氏にお金が渡らないようにした上で代表取締役にとどまってもらい、同社の資産をしっかりと被害者への補償に充てるという形をとるのが、今のところ最善だといえるのだ。

わざと「赤字会社」にして相続税評価額を下げる

会社の経営者（創業者）が、もっとも多く使っている相続税対策は、ずばり会社の資産価値を減らすことである。

非上場会社の株を相続する場合、相続税評価額は、会社の資産価値ということになる。

つまり、次のような図式になるのだ。

非上場会社の株の価値 ＝ **会社の資産価値**

→これが相続税評価額

そして、会社の資産価値を測る場合は、次のような算式になる。

会社の資産 － **会社の負債** ＝ **会社の資産価値**

当然のことだが、会社に負債があればその分を差し引くことができる。

ところで、日本の非上場会社は帳簿上、赤字になっていることが多い。日本の会社の7割は赤字企業なのである。

「日本の会社の7割が赤字企業」

というと、「日本の会社は儲かっていないのか」と思う人も多いだろう。

しかし、実際はそうではない。

普通なら赤字の会社では、営業できないはずである。

会社というのは、利益を出すことで次の運転資金をまかなっているので、赤字が続くなどということは、理論上あり得ない。赤字が続けば、つぶれてしまうはずだからだ。

しかし日本には長年、赤字が続きながら、継続している会社が多々ある。

それは帳簿上、赤字なだけであり、実際は儲かっているという会社が多いからである。

非上場会社の場合、株価を心配する必要はないので、無理に利益を出さなくてもいいのだ。むしろ利益を出すと法人税、法人事業税などの税金がかかってくるので、利益を出さないように調整して、わざと赤字にしている会社も非常に多い。

オーナー社長の会社ではガンガン経費を積み上げることができるので、帳簿上の会社の経営状態は、赤字になってしまうのだ。

しかし実際には、経営者一族が会社の経費を使っているだけなので、本当に経営が思わしくないということではない。

「本当は儲かっているのに帳簿上は赤字」のカラクリ

では、どうやって、**帳簿上の赤字**を計上しているのか？

会社をつくれば、会社の業務としてさまざまな経費を計上できる。

一般の人が思っている以上に、会社の経費の範囲は広いのである。

まず家族を役員や従業員にして、人件費をバンバン出す。会社が儲かっている分だけ、人件費で吐き出せば、会社の利益は消えてしまう。

そして、収入を１人の人に集中させずに、親族全体に分散すれば、親族全体の所得税も低く抑えることができる。

しかも自分たちの生活費を会社の経費で落とすこともできる。

会社の社宅という形にして、家やマンションを購入することもできる。家の名義は会社になっているが、その会社を所有しているのは自分なので、結局、自分が家を持つのと同じなのだ。

社用車として車を購入することもできる。その車が会社の名義であり、少しでも会社の業務で使っているならば、社用車とできるのだ。

また限度額はあるが、交際費を経費で落とすこともできる。事業に関係する接待交際費ならば、原則、会社の経費に計上できる。これもけっこう範囲が広い。

さらに会社経営では、福利厚生費という経費も計上できる。

福利厚生費というのは、会社の従業員（役員も含む）の福利厚生のために使われるお金のことである。

社長1人や、社長とその親族だけで運営されている会社であっても、社長とその親族は会社の従業員という扱いになる。だから、大会社と同じように福利厚生費を出しても差し支えないのだ。

この福利厚生費というのも、けっこう広範囲に認められている。

従業員の健康のための経費だけではなく、遊興費なども支出することができるのだ。

会社の中には、福利厚生費としてクルーザーを購入しているようなところもある。

クルーザーが福利厚生費として認められるかどうかは、税法に明確に定められているわけではない。税法では、福利厚生費の範囲としては**「社会通念上の許す範囲」**というような非常にあいまいなラインしか引かれていないのである。

だから、筆者としても、「クルーザーが福利厚生費として許されている」と断言できる

会社を赤字にして相続税評価額を下げるスキーム

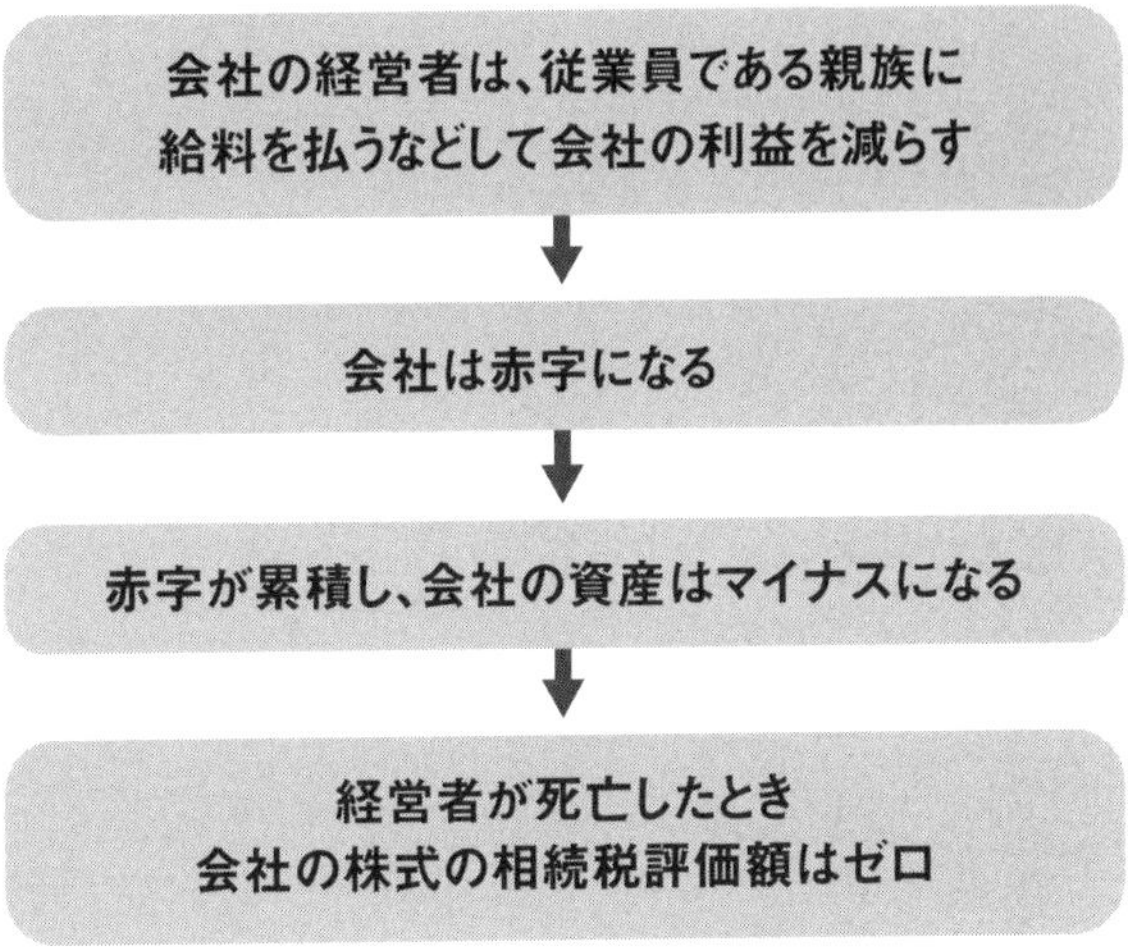
会社の経営者は、従業員である親族に
給料を払うなどして会社の利益を減らす
会社は赤字になる
赤字が累積し、会社の資産はマイナスになる
経営者が死亡したとき
会社の株式の相続税評価額はゼロ

わけではない。それでも、福利厚生費でクルーザーを購入している会社がかなりあるというのは、事実なのである。また福利厚生費によるクルーザーの購入を税務署が否認したという話も、今までのところ聞いたことがない。

それらのさまざまな経費を計上することで、会社の利益を減らしたうえに、自分の資産を親族に分配することができるのだ。

そして、会社が赤字になると、帳簿上は負債が溜《た》まっていく。

となると、会社の資産価値は大幅に減少する。

だから、相続する際には、会社は負

債が溜まっていて資産価値がほとんどないということも多々あるのだ。

そして資産価値がほとんどない場合は、株を相続しても、相続税はほとんど発生しない。

そういう**カラクリ**なのである。

「不動産」を使った逃税術

会社経営者の相続税対策は、「会社を赤字にする」以外にもある。

非上場会社といえども、会社を赤字にできないケースもある。銀行から借り入れをしていたり、上場企業と取引をしている会社は、社会的な信用の面でも、会社を赤字にすることはできないのである。

そういう会社の経営者がよく使うのが、不動産を使った節税である。

会社が使用している土地、建物などを経営者が所有することで、相続税評価額をがくんと下げるのだ。

「事業用の土地」は相続税において軽減措置があるため、これをうまく使えば、相続税の対象資産を大きく圧縮することができるのだ。

相続税というのは、何度も言うように資産を持っている人が死亡した場合、その資産を相続した人たちが払う税金である。相続税の対象となる資産は、現金預金だけじゃなく、不動産、動産など**「金目のものはすべて」**である。

そして相続財産の計算をするときには、「時価」が基本である。

たとえば土地などの場合は、相続した時点での価格が相続資産価格になる。

ただ相続税には、「特例」がたくさんあり、一定の条件をクリアすれば、建物の価格などを市場価格からずいぶん差し引けるという制度がある。

よく知られているのは、「居住用の宅地」である。

被相続人（資産を残して死亡した人）が住んでいた家に同居していた親族が、そのまま住み続ける場合、その家の土地は、330㎡以内であれば、土地の評価額は80％減額されるという特例（小規模宅地等の特例）がある。

つまり、相続税の対象となる土地の評価額は、市場価格の5分の1でいいということである（詳細は66ページ参照）。

「事業用の土地」にも、評価額の減額制度がある。

被相続人（資産を残して死亡した人）が事業を営んでいた場合に、遺族がその事業を引き継ぐことを条件に、その事業のために使っていた土地の評価額を80％減額されるのだ。

125ページの表を見てほしい。

言い回しが少しわかりにくいが、「貸付（不動産）事業用以外の事業用の宅地等」というのは、簡単に言えば、**不動産事業以外の事業に使っている土地**ということである。

たとえば、工場だったり、商店だったり、事務所だったりに使っている宅地のことである。

つまり、これは、

「不動産以外の事業をしている人が子供や親族などに事業を継がせる場合、その事業に使っている宅地について評価額を減額しましょう」

という制度なのである。

この「貸付（不動産）事業用以外の事業用の宅地等」については、400㎡までは80％が減額されるのだ。

400㎡というと、約120坪である。工場だと少し狭いが、普通の商店などでは十分すぎるくらいの広さである。ちょっとしたビルでも建てられるだろう。

もし自社ビルを持っているような場合、その宅地が400㎡以内であれば、土地の評価額は8割減でいいのである。

たとえば、2022年度に日本でもっとも地価の高かった場所は、東京都中央区銀座4の山野楽器銀座本店前で、1㎡あたりの価格が5380万円である。

もし、ここに400㎡の土地を持っていたとする。土地代だけで215億2000万円になる。

ここに自社ビルを建て、事業を息子に継承させたとする。

となると、この土地の相続税の評価額は8割減となり、わずか43億円となるのだ。相続税額は最大でも25億円にはとどかない。

215億円の遺産を普通に相続した場合は、100億円以上の相続税がかかる。それが事業用土地ならば高くても25億円程度ですむのだ。税負担率にして、たった1割ちょっとである。

もちろん、このような極端な例は、あり得ない。しかし、これに似た例は日本中で多々あるのだ。

ただし、先ほども述べたように土地の広さには制限があり、400㎡までである。

しかし都心部では、これだけの広い土地で事業を行うというのは、かなり立派な会社ということになるだろう。普通の事業を行っている会社であれば、この広さで十分だといえる。

「事業用土地」の相続税節税は会社じゃなくても使える

この「事業用宅地」の評価額の減額は、会社経営者じゃなくても、普通の個人事業者でも使えるのである。

世の中には、会社の登記をせずに、個人事業者として事業を行っている人も多々いる。そういう人も、この相続税の特例を使えるのだ。

たとえば、駅前の一等地に食堂を経営している人がいたとする。この食堂の土地はその人が所有しているもので、広さは300㎡。時価にすれば2億円だった。

その経営者が死亡し、親族がその事業を引き継ぐということであれば、この2億円の土地は8割減の評価額でいいのだ。つまり相続税の評価額は、たったの4000万円ということになる。4000万円というのは、法定相続人が2人いれば、相続税がかかってこない額である。

つまり2億円の土地を相続しても、法定相続人が2人以上いれば相続税はゼロになる可

土地活用により減額される相続税

<table>
<tr><th colspan="3">相続開始の直前における宅地等の利用区分</th><th colspan="2">要件</th><th>限度面積</th><th>減額される割合</th></tr>
<tr><td rowspan="5">被相続人等の事業の用に供されていた宅地等</td><td colspan="2">貸付（不動産）事業以外の事業用の宅地等</td><td>①</td><td>特定事業用宅地</td><td>400㎡</td><td>80%</td></tr>
<tr><td rowspan="4">貸付事業用の宅地等</td><td rowspan="2">一定の法人に貸し付けられ、その法人の事業（貸付事業を除く）用の宅地等</td><td>②</td><td>特定同族会社事業用宅地</td><td>400㎡</td><td>80%</td></tr>
<tr><td>③</td><td>貸付（不動産）事業用宅地</td><td>200㎡</td><td>50%</td></tr>
<tr><td>一定の法人に貸し付けられ、その法人の貸付事業用の宅地等</td><td>④</td><td>貸付（不動産）事業用宅地</td><td>200㎡</td><td>50%</td></tr>
<tr><td>被相続人等の貸付事業用の宅地等</td><td>⑤</td><td>貸付（不動産）事業用宅地</td><td>200㎡</td><td>50%</td></tr>
<tr><td colspan="3">被相続人等の居住の用に供されていた宅地等</td><td>⑥</td><td>特定居住用宅地</td><td>330㎡</td><td>80%</td></tr>
</table>

※相続の開始の日が「平成27年1月1日以後」の場合です

（注）1　「貸付事業」とは、継続的に対価を得て行われている「不動産貸付業」、「駐車場業」、「自転車駐車場業」などのいわゆる「不動産事業」及びこれに類する事業のこと。

2　「一定の法人」とは、相続開始の直前において被相続人及び被相続人の親族等が法人の株式等の50%超を有している法人のこと。

能性が高いのである。

しかも、この制度には、**実は抜け穴がある。**

必ずしも事業を継承しなくても特例を受けられるのだ。

というのも、「事業を承継する」ということの条件が非常にゆるいのだ。

この「事業承継」の要件というのは、税法では次のようになっている。

「その宅地等の上で営まれていた事業を相続税の申告期限までに引き継ぎ、かつ、その申告期限までその事業を営んでいること」

ということは、まったく事業を引き継ぐ気がなくても、相続税の申告期限までに形だけ事業を承継するという手続きを取っていれば、それでOKということになる。申告が終わった後は、その土地を売ろうが、事業をやめてしまおうが関係ないわけだ。

たとえば、次のようなことである。

都内の一等地に、200㎡の土地にたばこ店を建てて営んでいる人がいたとする。何十年も前からたばこ店を営んでいて、その間にグングン土地の値段が上昇している。

その土地は、時価総額10億円だったとする。

このたばこ店の経営者が死亡した。

相続人は長男が１人である。

この長男は、サラリーマンをしている。

でも、相続税対策のため事業承継の手続きをした。

事業承継の手続きといっても特別、なにかを申請するということは必要ない。サラリーマンを辞める必要もない。

税務署に、必要書類を出せばいいだけである。ちょっと頑張れば、自分でもすぐにできるし、税理士に頼めば数万円でやってくれる。

そして、相続税の申告書を提出するまで一応、店を開けたりして、営業しているという実績を残すのだ。

たったそれだけの作業で、10億円の土地の相続税評価額が80％減額されて、たったの２億円で換算されるのだ。

普通に10億円を相続すれば、少なくともだいたい３～４億円の相続税がかかってくる。

しかし、評価額２億円であれば、３０００万～４０００万円ですんでしまう。

つまり相続税額が10分の１以下に抑えられるのだ。

相続税の申告書を提出する期限というのは、被相続人（遺産を残した人）が死亡したのを知ってから10カ月以内である。10カ月以内ということは、死亡した日でもいいわけだ。

だから、被相続人が死亡してすぐに**「形ばかりの事業承継」**をし、すぐに申告書を提出すれば、相続税が10分の1近くに下げられるのだ。

そして相続税の申告書を出してしまえば、後は、店の営業をやめようが、店を売ってしまおうが、大丈夫なのだ。

普通の人にも応用できる

この相続税の抜け穴は、商売をやっていない普通の人も、使おうと思えば使えないことはない。

というのも、「宅地」は、いつでも「事業用の土地」にすることができるからだ。

たとえば、都心部の200㎡10億円の土地に住んでいたとする。

昔からここに住んでいた人で、いつの間にか土地の値段が上がっていた、というパターンである。

この土地の上に立っている家を改造し、なにかの店を始める。陶芸教室でもいいし、雑貨店でもいいし、ちょっとした飲食店でもいいわけだ。

そして税務署にも開業届を出し、毎年、事業としての申告もすれば、それはもう立派に事業として認められるのだ。売上の規模の大きさとか、儲かっているかどうかというのは関係ない。

事業をしているという事実があればいいのだ。

そうすれば、その土地は「事業用の土地」ということになる。

この土地の所有者が死亡した場合、遺族は、事業の承継の手続きを取ればいいわけだ。

そうすれば、先ほどご説明したのと同じ要領で、10億円の土地が相続財産としては2億円の換算でいい、となる。相続税が数分の1から10分の1以上に激減してしまうのだ。

子供の名義で自社ビルを建てる方法

さらに、もう少しテクニカルな「不動産を使った相続税節税策」もある。

自社ビルの建物や土地を、最初から自分の息子などの名義にするという手法である。

企業の経営者の方などでは、自社ビルを建てることもある。

自社ビルといっても、いろいろある。何十階もある大企業の自社ビルもあれば、2階建てで、住宅に毛の生えたような自社ビルもあるわけだ。だから少し頑張れば、中小企業の経営者でも、自社ビルを建てることはできる。

そしてある方法を使えば、この自社ビルを会社名義や経営者の名義ではなく、子供などの親族名義にすることもできるのである。

このスキームは簡単に言えば、次のようなものである。

まず、子供などの名義でビルを建てる。建設資金は親が子供に貸すか、子供の名義で銀行から借りる。

子供は、どうやってその借入金を返済するのかというと、会社が子供に家賃を払うので、その家賃で返済するのである。子供が大家なので、家賃を払うのは当然である。

このスキームを使えば、子供はなにもせずに、自社ビルを手にすることができるのだ。

子供が建設資金を銀行から借りるとき、親は連帯債務者になるように求められることが多い。でも、親が連帯債務者になっていたところで、課税関係にはまったく関係してこないのだ。親が子供の連帯債務者になったところで、借金が滞って親が肩代わりするようなことにならない限りは、「資産の譲渡」にはならない。

つまり親が子供に「信用を貸すこと」に関しては、贈与税や相続税は関係ないのである。

また親が子供にお金を貸す場合も、きっちり契約などで返済方法や利息が決められてい

子供（親族）の名義で自社ビルを建てるスキーム

経営者が子供名義で自社ビルを建てる
(経営者は資金借り入れの保証人となる)

↓

保証人になっても金銭のやり取りが
あるわけではないので贈与税等はかからない

↓

会社が子供に家賃を払う

↓

子供はその家賃で借入金を返済する

↓

実質的に会社の金を使って、
子供に自社ビルを買い与える

れば問題ないのである。ただし、子供が未成年者のような場合は難しい。

税金の世界には、**「社会通念上」**という考え方がある。

「社会通念上」というのは、法的にはすべてクリアしていても社会通念上、おかしいと思われることについては、否認されることがある、という意味である。

たとえば、ビルの所有者の名義が幼児になっていたとして、その手続きが法律上問題はなかったとしても、社会通念上、幼児がビルの管理や不動産経営などをできるはずはないので、実質的な所有者は、その幼児の保護者だとみなされるわけだ。

しかし、成年した子供に対してこういうスキームで自社ビルを建てさせたとしても、これは脱税ではなく、節税となるのだ。

第６章

地主と
プライベート・
カンパニー

プライベート・カンパニーとは？

金持ちの相続税対策の定番として、プライベート・カンパニーというものもある。

プライベート・カンパニーというと、昨今では時々、ビジネス誌などでも取り上げられることがあるので、聞いたことがある人も多いはずだ。

が、一般の人には、今一つわかりにくいものだと思われる。

プライベート・カンパニーというのは、簡単に言えば、個人の資産を管理するためにつくった会社である。

形式としては、普通の会社と同じである。

プライベート・カンパニーという特殊な形式があるわけではない。金持ちが資産管理として、普通の会社を設立しているというだけのことである。それを、プライベート・カンパニーと呼ぶようになったのである。

前項まで、普通の会社の相続税の逃税方法について、ご紹介してきたが、普通の会社とプライベート・カンパニーとではどこが違うのだろうかと疑問に思う方も多いはずだ。

簡単に言えば、普通の会社は事業を行うのが目的であり、プライベート・カンパニーは、事業を行うというより、個人の資産を管理することが目的なのである。

「個人の資産を管理する」というと聞こえはいいが、要は**相続税などの税金を安くする**ということである。

プライベート・カンパニーは、なにも大資産家だけが持っているものではない。

昨今は、会社が非常につくりやすくなったので、ちょっとした小金持ち程度の人でも、プライベート・カンパニーを持っているケースは多々ある。

会社というのは、要件さえ満たしていれば、誰でもつくることができる。

要件というのは、「法人登記する」ということだけである。法人登記も、資本金と登記手数料、役員名簿などを準備すれば、すぐにできる。

資本金も、今ではほとんどゼロでもいいことになっているので事実上、登記にかかるお金（登記費用、司法書士への報酬など）だけを用意すれば、会社はつくれるのだ。

そして、どんな小さな会社であっても、法人登記さえしていれば、法律上は「会社」ということになる。従業員が何万人もいる大企業であっても、個人でつくったプライベートな会社であっても、法律的には同じように「会社」という枠組の中に入るのだ。

そして、会社としての税制を使うことができる。

会社をつくれば、税法のうえでは「法人税法」の対象となり、身内を従業員とすれば、報酬や給料を払うことができ、合法的に自分の資産を分散することができる。また自分の所有地などを会社に賃貸することで、相続財産が大きく軽減されたりもするのだ。

本章では、金持ちの定番アイテムである「プライベート・カンパニー」とはどういうものなのか、どういう仕組みで税金が安くなっているのかを紹介したい。

もっとも多いプライベート・カンパニーは「不動産管理会社」

金持ちがプライベート・カンパニーをつくる際、もっとも多いのは、不動産管理会社である。

もともと広い土地を所有している人が、自分が持っている土地や不動産を管理するために会社をつくるのである。つまりは、いわゆる「地主さん」が、税金対策のために会社をつくるのである。

また、自分の金融資産で新たに不動産を購入し、不動産管理会社をつくるというパターンもある。**金持ちというのは、不動産をうまく使う**ものなのである。

プライベート・カンパニーの節税アイテムとしての使い方は、まずは資産の分配である。会社をつくれば、妻や親類、子供などをその会社の従業員にすることで、会社から給料を払うことができる。

たとえば、自分の持っているマンションを管理するためとして、プライベート・カンパニーをつくったとする。

この会社の役員として子供を据え、子供に毎月、多額の報酬を払うのである。

本来、税法では、親族間の金のやりとりについて厳しい規制が敷かれている。

これは**「相続税対策として生前に資産を親族に分配されることを防ぐために」**である。

前述したように、親族間でも金品のやり取りがあれば、贈与税がかかる。しかも贈与税の基礎控除額は年間わずか110万円である。それ以上の金品を与えれば、贈与税がかかってしまうのだ。

しかし会社をつくって報酬として与えるならば、年間110万円などという縛りはない。会社の経営状態に応じて、いくらでも報酬を払うことができる。

もし自分の息子をプライベート・カンパニーの代表取締役にし、年間1000万円の報酬を与えれば、10年間で1億円の資産を息子に移すことができる。もちろん、会社の経営状態によっては、もっと高額の報酬を払うこともできるし、もっとたくさんの親族を送り込むこともできる。

自分の親族に報酬や給料を払えば、親族には所得税、住民税がかかる。

それでも所得税、住民税はさまざまな控除があるため、贈与税よりはかなり割安ですむ。贈与税は、控除があまりないため、所得税、住民税に比べるとかなり割高になっているのだ。

プライベート・カンパニーは芸能人の節税アイテムでもある

このプライベート・カンパニーは芸能人の定番の節税アイテムともなっている。

芸能人は売れてくると、自分で会社をつくることが時々ある。

その会社はなにか新しい事業を起こそうというわけじゃなく、自分のギャラの管理をするためだけの会社であることが多い。

自分のギャラをいったん、プライベート・カンパニーが受け取り、芸能人自身はその会社の一従業員として給料を受け取るという仕組みにするのである。

そして、会社の役員や社長などに、自分の親族を据えておく。

そうすれば自分のギャラを、親族などに分散することができるのだ。

もちろん、大きな節税になる。

この手法は、すでに芸能事務所に所属している人も使うケースが多い。

芸能事務所に所属している芸能人も、芸能事務所から直接ギャラをもらうのではなく、自分のプライベート・カンパニーでいったん受け取り、自分はプライベート・カンパニーから給料をもらう形をとるのだ。

つまり、自分をマネジメントしているわけでもなく、なにか別の事業をしているわけでもなく、自分のギャラなどを管理するためだけの会社というわけである。

ただ芸能人の場合は、相続税対策というより、毎年の所得税対策の意味合いが大きい。

彼らの場合は、いつまで売れるかわからないばくち性の高い職業であるため、売れている間になるべく多くのお金を残しておきたいという気持ちが働く。

そのため所得税、住民税などをなるべく低く抑えるために、プライベート・カンパニーの役員に親族などを置き、ギャラを分散するのである。

芸能人で、相続税対策までをしている人というのは、ビートたけしのような押しも押されもせぬ大スターに限られる。ちょっと売れた芸能人という程度では、相続税対策までしているケースは少ない。

プライベート・カンパニーを赤字にして相続税評価額を下げる

このプライベート・カンパニーは、前章で紹介した非上場会社の相続税の節税策と同様のことが可能である。

会社を赤字にして会社の資産評価額をマイナスにし、株を無税で相続させるということである。

プライベート・カンパニーといえども、形式的には普通の会社と同じである。だから、普通の会社が使っている節税方法は、プライベート・カンパニーでも使えるのだ。

親族に人件費を払うことで、会社の利益を圧縮させたり、交際費を使うこともできる。

またプライベート・カンパニーでも、福利厚生費として、従業員（親族ばかり）にさまざまな福利厚生を施すことができる。社宅としてマンションを与えたり、社用車として車を購入することもできる。

プライベート・カンパニーの場合、銀行や大企業との取引もあまりないので、赤字になることをほとんど厭《いと》わなくてすむ。だから、プライベート・カンパニーの帳簿上は負債が溜まっていき、会社の資産価値は大幅に減少する。

そして相続する際には、資産価値がほとんどなく（もしくはマイナス）、株をもらっても相続税はかからない、ということになるのだ。

プライベート・カンパニーも「事業承継税制」を使える

また会社に負債がなくても、相続税をほとんど払わずに、株式を相続する方法はいくつかある。

その代表的なものが「事業承継税制」を利用する方法である。

前述したが、「事業承継税制」というのは、中小企業の世代交代などがうまく行くように、税制上の優遇がされている制度である。

この事業承継税制は、普通の資産管理会社には適用されない。資産管理会社というのは、ざっくり言えば、プライベート・カンパニーのことである。だから、プライベート・カンパニーの場合は、この税制は使えないことになる。

しかし、次の要件をすべて満たせば、プライベート・カンパニーであっても、事業承継税制を使うことができる。

- 常時使用従業員（親族以外）が5人以上
- 事務所、店舗等の固定施設を所有又は賃借していること
- 相続開始の日まで引き続き3年以上にわたり商品販売等をしていること

つまりは、「事業」といえるようなことをしていれば、プライベート・カンパニーであっても、事業承継税制を使えるというわけである。

ただし、この「事業承継税制」はあまり使われていない。事業承継税制を使うまでもなく、ほかに相続税の抜け穴はたくさんあるからである。

プライベート・カンパニーと不動産を組み合わせた相続税対策

プライベート・カンパニーは、生前に資産を分散するというだけじゃなく、死後の相続税対策にも大きな効果を発揮する。

通常の相続の場合は、相続財産を時価で評価し、遺族はその取得額に応じて相続税を払うことになる。

が、自分の資産をプライベート・カンパニーに移していた場合は、遺族はそのプライベ

ート・カンパニーの株式を相続することになる。

そして、非上場会社の株式の場合、前章でご説明したように会社の資産価値が株式の資産価値ということになる。つまりは、会社の資産価値が相続税の対象になるのだ。

そして、その際の会社の資産の換算には、相続税上の特例措置も講じられる。

122ページで紹介したように、事業用の宅地の場合は、相続財産としての評価額は大きく減じられる。

この事業用宅地の減額制度は、不動産事業にも適用される。

不動産事業の場合、限度面積が200㎡で、減額率は50％である。

たとえば、200㎡10億円の土地に賃貸アパートを建てて、その賃貸業を親族に引き継がせた場合、相続財産としての評価額は5億円になるということである。

ほかの事業よりはかなり優遇度合が下がるが、それでも普通の宅地の相続に比べれば、はるかに優遇されている。

たとえば元から土地を持っていた地主などが一番高い土地にアパートを建てて、それをプライベート・カンパニーが経営していたとする。地主が死亡した後に、それを親族に引き継がせれば、それだけで**土地の相続税は半額以下**になるのだ。

地主の正体は「偽装農家」

もっともプライベート・カンパニーを利用しているのは、いわゆる「地主さん」であると、前述した。

この「地主さん」とは、そもそもどういう人たちなのかご存じだろうか？

昔の財閥の子孫や、故田中角栄氏のような土木業者などをイメージされる方も多いはずだ。

が、実は世間の「地主さん」のほとんどは、農家（元農家を含む）なのである。

しかも、農業は形ばかりしか行っていない「偽装農家」と呼ばれる人が非常に多いのだ。

あまり知られていないが**農家という業種は、非常に巧妙な相続税逃税スキーム**を持っている。

農家の場合、農地を自分の親族に相続させるときに、「相続税猶予」という特典がある。後継者が農地を相続し、引き続き農業をする場合は、相続税はいったん免除されるのだ。

そして、納税を猶予された後継者が20年以上、農業を続けた場合に、猶予された相続税は完全免除となる。

農地というのは、国民の生活に直結するものなので、農地法等でいろんな制約を受けている。農地は、簡単には宅地に転用したりはできない。その代わり農地を農地として使用し、農業を続けている場合は、税金面で優遇措置が設けられているのだ。

また農地は、相続税だけじゃなく、固定資産税も優遇されている。農地は、100㎡でも固定資産税は数千円ですむのである。都心部の農地などでは、宅地の数十分の1、数百分の1となる。

だから農地からほとんど収入が得られなくても、保持し続けられたのだ。

農家は、これらの優遇措置をフルに活用し、相続税をほとんど払わないで、農地を次世代に引き継いできた。

また中には、この制度を悪用し、農地を宅地化しているのに、相続税を払わずにすませている者もいるのだ。

この農地の相続税猶予制度にも、抜け穴がある。

原則として、「相続税を免除してもらうためには農業を20年間続けなくてはならない」のだが、「後継者の家を新築する」などの理由をつければ、農地を宅地にすることもできるのだ。

そしていったん宅地にすれば、もう「農地」という縛りはなくなる。宅地にした後は、そこに本来の目的からはずれたアパートを建てたりしても罰則があるわけではない。

もちろん宅地にすれば、土地の値段ははね上がるし、駅近くの土地にアパートを建てればかなりの収入になる。

このような方法で、不動産事業を行っている「農家」はけっこういるのだ。

つまりは次のようなスキームで、納税猶予となった農地を宅地にしてしまうのである。

農業を引き継ぐということにして農地の相続税を猶予してもらう

↓

後継者の家を建てるという名目などで、農地の一部を宅地にする

↓

いったん宅地になれば「農地」の縛りがなくなる

↓

その宅地にアパートやマンションなどを建てる

都心部周辺にはびこる偽装農家

しかも本当に農業をしていて農地を相続している人たちは、まだマシなほうである。実際には農業をしていないのに、農業をしているフリをして、相続税の猶予だけを受けている者も多々いるのだ。

本当は農業をしているわけではないのに、形ばかり果樹などを植えて一応、農業を続けているという体をとり、「ここは農地である」ということにするのだ。

そういう状態を20年間続ければ、もう相続税は払わなくていい。そして20年経てば「農業を継続する」という縛りもなくなる。

その農地を宅地にして、マンションを建てたりなども普通にできるのだ。

高度経済成長期からバブル期にかけて、こういう偽装農地が、都心部のあちこちに見られた。

そこで都心部の農地は、宅地と同様に課税しようということになり、「市街化区域」というものが設けられ、この区域内の農地については、税制の恩恵が受けられないようになった。

しかし農家が自分の農地を「市街化区域」に入らないように政治家に働きかけるために、市街化区域はそれほど広まっていない。

そのため、現在も都心部の近郊には広大な農地が存在する地域もけっこうあるのだ。

東京と隣接している千葉と埼玉に目を向けると、その実態がよく見えてくる。

千葉と埼玉は、耕地面積からすれば、まるで農業県なのである。

千葉は県面積の24・6％、埼玉は20・1％が農地なのだ。山形、秋田、岩手など農業地域とされている県の約2倍の割合である。

千葉、埼玉の農業面積率は、全国的に見ても非常に高い。千葉は茨城に次いで全国2位、埼玉は佐賀の次で全国4位なのだ。

この農地の広さは異常だといえる。

千葉や埼玉でも、都心部から遠いところの農地もたくさんあるので、そういう農地については理解できるが、都心まで30～40分程度で行ける場所にも、農地がかなり見られるのは異常である。

都心まで30～40分で行ける土地などというのは、都会のサラリーマンにとっては垂涎《すいぜん》の的といえるはずだ。

もし住民の総意として、「都心部にも田園を残すべし」という了解がなされているのであれば、筆者は別に文句を言う筋合いはない。

が、現在、都心部にこれだけの農地が残っているのは、住民の意志ではなく農家の相続税猶予制度の影響が大きいのである。

なぜ農家が「地主さん」になったのか？

それにしても、なぜ地主さんのほとんどは農家（元農家）なのか？

今の日本では、農業人口は非常に少ない。そんな少ない農家が、なぜ「地主さん」のシェアの多くを占めているのか？

そこには、日本の戦後の急激な発展が背景にあるのだ。

実は戦前の日本は、就労人口の約半分が農業従事者だったのである。

そして、渋谷にも田園が残っていたような状況だった。つまり、日本人の半数は農家であり、日本全国のほとんどの地域が農村だったわけである。

それが戦後になると、農村にも開発の波が押し寄せてきた。

そして都市部や鉄道駅の近くに農地を持つ農家たちは、土地の値上がりにより、莫大な資産を持つことになった。

しかも、この莫大な資産は、農地の相続税猶予制度により、相続税を払わずに、次世代、次々世代に引き継がれることになった。

彼らが相続税猶予制度の要件をクリアした後（農地を引き継いで20年間、農業をした後など）、その農地を宅地にしたならば、かなり広い宅地が生まれることになる。もちろん、彼らは、巨額のお金を手にすることになる。

農家が持つ農地というのは、一般の人が思っているよりかなり広い。

日本の農業は、農家一戸あたりの農地が、世界的に見て狭いといわれてきたので、農家の持っている農地は狭いものと思っている人も多いはずだ。確かに日本の農地は、世界的に見て決して広くはない。

しかし、それは「農地として」の話である。宅地となれば、まったく話は別なのだ。

現在、日本の農家の農地の平均的な広さは1・7ヘクタールほどである（北海道を除く）。

1・7ヘクタールということは、1万7000㎡となる。都心部では一戸建ての宅地はだいたい50㎡程度だが、それが370区画もつくれるのだ。

しかも、それは「農家の平均」の広さである。

それ以上の広い農地を持っている地主もたくさんいるのだ。戦後の農地改革で、北海道以外の農家は最大3町歩（約3ヘクタール）までの農地所有を許されたので、大地主になると3ヘクタール（3万㎡）を所有している人もいるのだ。

3万㎡というと、50㎡の宅地が600区画つくれるのだ。そうなると、ちょっとした街である。

駅前の目抜き通りに、「大村第一ビル」「大村第八ビル」のように、同じ名前で番号が振られたビルがいくつも建っているのを目にすることも多いはずだ。それは、おそらく、その辺の農地を持っていた農家が駅前の開発に合わせて宅地化し、ビルなどを建てたものと思われる。

そうして、巨大な不動産資産を手にした元農家たちは、プライベート・カンパニーをつくることで、さらにその資産を次世代に引き継いでいくわけだ。もちろん、相続税は極力払わずにである。

また宅地化をせずに、ひたすら農業を続けて（農業をするフリをして）、無税で次世代に農地を残そうとしている者たちも、かなり多い。だからこそ、埼玉や千葉などの都心近くに、広大な農地が残っているのだ。

相続税の特例一覧

特例	メリット	条件・対象
配偶者控除	1億6000万円まで、あるいは法定相続分までの遺産は非課税になる	配偶者
小規模宅地等の特例	330㎡までの自宅や土地は相続税の評価額の80％まで減額できるなど	配偶者、故人と同居していた親族など
未成年者の税額控除	相続人が未成年の場合、未成年者の税額控除が受けられ、相続税の額から一定の金額が差し引かれる	未成年者
障害者控除	相続人が障害者の場合、障害者控除が受けられ、相続税の額から一定の金額が差し引かれる	障害者
相次相続控除	過去10年以内に相続して相続税を払った人が亡くなった場合、前回の相続税の一定割合を控除	相続税を払っていた人の相続人

第7章

小金持ちのための相続税対策

「小金持ち」は慌てて相続税対策をするべからず

これまで、金持ちがいかにずる賢く相続税を逃れているのかをご紹介してきた。

大金持ちでさえ相続税をほとんど払っていないのに、われわれ庶民が相続税を納めることは、非常にバカバカしいことである。

税務当局は、金持ちから相続税をなかなか取れないので、相続税の課税範囲を広げた。相続税法は平成27年に大幅に改正され、課税対象者が大幅に増えたのである。

何度か触れたが、それ以前は、最低でも6000万円の遺産をもらわなければ相続税はかかってこなかったが、平成27年からは3600万円以上の遺産をもらったら相続税がかかる可能性が出てきた。

3600万円というと、ちょっと都会に家を持っていれば超えてしまうような額である。だから、「普通の人」でも下手をすると、相続税がかかってくる恐れがある。

しかし、何度も言うように、大金持ちほど相続税を逃れているのだから、「普通の人」が相続税を払うのは、不公平であり、バカバカしい。

どうにかして、普通の人は相続税を逃れるべきである。

なので、この章では、「普通の人」や「小金持ち」が相続税を払わずにすむ方法をご紹介していきたい。

「普通の人」「小金持ち」の方は、ぜひこの章を入念にチェックされたい。

まず「普通の人」「小金持ち」の方に、念頭に置いておいていただきたいのは、自分には相続税がどのくらいかかるのか概算でいいので、だいたいの額を確認するべきということである。

なぜなら相続税がどのくらいかかるかによって、対策はまったく違ってくるからである。

そして、

「相続税は、基本的な控除を使えば、そうそう課せられるものではない」

ということを覚えていただきたいのである。

相続税は課税範囲が広がったとはいえ、普通の人にはそうそうかかるものではない。

いくら以上の遺産をもらえば相続税が課せられるか？

まずは、いくら以上の遺産をもらえば、相続税が課せられるのかを確認しておきたい。

相続税というのは、死亡した人が財産を残していて、遺族が一定以上の財産をもらった場合にかかってくる税金のことである。

一定以上の財産というのは、どのくらいかというと、基礎控除額が1遺族に対して3000万円、法定相続人1人当たりの控除が600万円となっている。

だから相続税の場合は、法定相続人が何人いるかで、課税されるかどうかが変わってくる。

法定相続人が5人だった場合には、基礎控除額の計算は次のようになる。

3000万円＋（6000万円×5人）＝6000万円

つまり6000万円以上の財産がなければ、相続税はかかってこないのだ。

またもし法定相続人が1人だった場合は、基礎控除額は3600万円である。つまり、法定相続人が1人しかいなかった場合は、3600万円以上の財産をもらったら、相続税を払わなければならないかもしれないのだ。

筆者が何度か、「3600万円以上の遺産をもらえば相続税がかかる可能性がある」と述べてきたのは、このことである。

しかし、法定相続人が1人というのは少ないので、3600万円程度の遺産で相続税が発生するというのは、あまりない。

法定相続人とは？

では、次に法定相続人とはなにかということを説明したい。

法定相続人というのは、法的に相続する権利が認められている人のことである。

この法定相続人は、「何親等までの親族」というように、関係の深さで決められているわけではない。

基本的には、配偶者と直系尊属（親子）が法定相続人になるということになっている。つまり、配偶者と子供が法定相続人になるというのが、基本である。

しかし、配偶者や子供がいない場合は、孫、父母、兄弟姉妹も法定相続人になれる可能性がでてくる。

もし法定相続人の権利を有していた子供が先に死んでいた場合は、その子供に子供がいれば（つまり孫）、その孫が法定相続人としてカウントされる。

またもし、死亡した男性には子供がおらず、妻だけが残された場合には、男性の父母も法定相続人になれる。そして、男性に子供がおらず、父母もいない場合は、兄弟姉妹が法定相続人になれる。

ここでは男性が死亡した例を使ったが、これは女性でも同じことである。

ここで気を付けなくてはならないのが、「法定相続人」と「実際に遺産をもらう人」とは違うということである。

遺産は法定相続人じゃなくても、もらうことができる。故人が、遺産贈与の意思を示していれば、親族じゃない人でも遺産をもらえる。

が、法定相続人の場合は、もし故人が遺産贈与の意思を示していない場合でも、遺産をもらう権利を有しているのだ。

そして、相続税の基礎控除額として計算されるのは、「実際に遺産をもらう人」ではなく、「法定相続人」の数なのである。この基礎控除額の計算においては、法定相続人が遺産を受け取ろうが受け取るまいが、法定相続人の数は変わらない。

だから、法定相続人が妻と子供2人の場合、遺産はすべて配偶者（妻）が受け取ったとしても、基礎控除額の計算は、

法定相続人とは？

被相続人（財産を残して死亡した人）に配偶者と子供がいる場合

被相続人に配偶者はいるが子供はいない場合

被相続人の両親が生きている

被相続人の両親は死亡しているが兄弟姉妹が生きている

被相続人に配偶者はいるが子供は死亡している場合

子供の子供（孫）がいる

子供の子供（孫）はいない

↓

被相続人に配偶者はいるが子供はいない場合と同じ

3000万円+(6000万円×3人)=4800万円

となるのだ。

相続税はもらった額に応じて課せられる

相続税について、もう一つ念頭に置いていていただきたいことがある。

それは、相続税というのは、遺族全体に課せられるものではない、ということだ。

相続税というのは、遺産をもらった個人個人にかかってくる税金なのである。

たとえば、1億3800万円の遺産を残して亡くなった人がいたとする。

法定相続人は、妻と子供2人の合計3人である。

法定相続人が3人ということは、基礎控除額の計算は次のようになる。

3000万円+(600万円×3人)=4800万円

つまりは、基礎控除額は４８００万円なのである。

だから、相続税の課税対象の計算は次のようになる。


遺産1億3800万円－基礎控除額4800万円＝課税対象9000万円

となり、この遺族の相続税の課税対象額は９０００万円ということになる。

が、この９０００万円に対して、そのまま相続税の税率がかけられるわけではない。

相続人たちがもらった額に応じて課せられるのだ。

もし三等分していた場合は、課税対象額９０００万円を三等分したもの、つまり３０００万円ずつが、各個人の課税標準額となる。この３０００万円に相続税の税率をかけて、相続税額が確定するのである。

課税標準額が３０００万円の場合、税率は15％、控除額が50万円なので、次のような算式になる。


課税標準額3000万円×15％－控除額50万円＝相続税額400万円

相続税の速算表

各人の課税標準金額	税率	控除額
1,000万円以下	10%	―
3,000万円以下	15%	50万円
5,000万円以下	20%	200万円
1億円以下	30%	700万円
2億円以下	40%	1,700万円
3億円以下	45%	2,700万円
6億円以下	50%	4,200万円
6億円超	55%	7,200万円

というように、この人の相続税額は400万円となる。

1億3800万円の遺産を三等分すれば、4600万円である。

つまり、4600万円の遺産をもらって、納める相続税は400万円なのである。税負担率にして10%以下である。意外と税負担率は低いのである。

このことも、相続税対策をする際に頭に入れておいていただきたい。

数千万円程度の遺産にかかる相続税というのは、それほど高率ではないのだ。だから、無理に相続税対策をするよりは、普通に相続税を払ったほうが安くつくケースも非常に多いということだ。

配偶者には手厚い保護がある

そして、相続税対策をするうえで、まず最初に知ってほしいのが、「配偶者には手厚い保護がある」ということである。

相続税には、配偶者に対して大きな控除がある。

遺産を相続する人が、遺産を残して死亡した人の妻もしくは夫であれば、１億６０００万円までは、相続税はかからないのだ。つまり夫が死亡した場合、妻は１億６０００万円以内の遺産ならば、**まったく相続税を払わずに相続できる**のだ。

だから、配偶者がいる場合は、遺産配分のときに配偶者に多く配分すれば、相続税は安く抑えることができる。

先ほどの１億３８００万円の遺産をもらった家族の例をとれば、もし妻と子供２人で三等分せずに、妻だけが全額をもらっていた場合は、相続税はゼロになるのだ。

この配偶者というのは、妻に限ったことではない。妻が莫大な資産を持っていて死亡し、夫が相続した場合も同様となる。

ただし、この控除を使えるのは、配偶者（妻もしくは夫）が相続した分についてだけである。

先ほどの例をとれば、妻が全部相続すれば、相続税はかからないが、妻と子供2人が三等分すれば、子供2人には相続税がかかるのである。

つまり、これは、遺産全体に対する控除ではなく、あくまで配偶者が自分の相続した分について控除できるものなのだ。


だから1億6000万円以内の遺産が残されて、配偶者が法定相続人に含まれている場合は、まずは配偶者にすべて相続させるのがもっとも合理的な相続税対策だといえる。

またこの控除を受けるには、申告の際に戸籍謄本と、遺言書の写し、遺産分割協議書の写しなど、配偶者の取得した財産が分かる書類を添えて提出しなければならない。つまりは配偶者が、これだけの遺産を受け取っているという証明を出さなければならないのだ。

そして相続税の申告後に、遺産分割が行われた場合には、分割が決定した日から4カ月以内ならば、「更正の請求」といって申告のやり直しをすることができる。

配偶者は遺産の半分までは無税

また配偶者は、遺産の半分までは、無税という規定もある。
相続に置いて故人の遺産というのは、「夫婦で築いたもの」という考え方になっている。
だから、遺産の半分は配偶者のものであり、遺産の半分までは相続税はかからないのである。

前項では、配偶者は1億6000万円までの相続には税金がかからない、ということをご紹介したが、1億6000万円以上の遺産があった場合でも、半分までは配偶者は税金ゼロで受け取ることができるのだ。

これは、遺産の額にかかわらず、である。

何十億、何百億円あっても、配偶者はその半分までは無税で受け取れるのだ。

たとえば、1000億円の遺産を残して死んだ人がいたとする。この人の奥さんは、500億円までは無税で受け取れるのだ。

またこれは、故人が夫であっても妻であっても同様である。

ただ、この制度は、前項の1億6000万円ルールと同じで、遺産全体に対しての控除ではなく、あくまで配偶者だけが使える控除制度である。

配偶者以外の相続人たち（子供など）の相続分についてはまともに相続税がかかってくる。だから、故人の配偶者が生きている場合、遺産の半分以上は、配偶者が受け取るというのが、相続税対策の基本だといえる。

またこの控除を受けるには、前項の1億6000万円控除と同様に、申告の際に戸籍謄本と、遺言書の写し、遺産分割協議書の写しなど、配偶者の取得した財産が分かる書類を添えて提出しなければならない。

そして、この控除も相続税の申告後に遺産分割が行われた場合には、分割が決定した日から4カ月以内ならば、「更正の請求」ができる。

2022年からさらに配偶者は優遇される

このように、相続税において配偶者は非常に優遇されているのだが、民法的にも、さらにこの優遇度は進むことになる。

2022年には40年ぶりに民法が大幅に改正されたのであるが、その大きな目玉が、配偶者（妻もしくは夫）の相続権の強化である。

20年以上連れ添った夫婦が、家を贈与した場合、それは遺産額から除外されることになる。つまり配偶者がもらった家は相続分には含めずに、家を除いた他の遺産を相続人で分け合うという形になるのだ。

そして、もし遺産分割により、家が子供の所有になったとしても、もともと配偶者が住んでいた家であれば住み続ける権利（配偶者居住権）が与えられることになる。

だから、遺産相続に関する限り、配偶者（妻もしくは夫）を最優先に考えるのが、もっとも自然であり、相続税的にも得になるのだ。

ところで民法では、相続人が配偶者と子供だった場合、遺産の分配は次のように定められている。

50％↓配偶者
50％↓子供全員で均等配分

この法定の相続分は、もし遺言があったとしても、半分は行使（遺留分侵害額請求）できるのだ。

たとえば遺言で、「遺産は全部妻に与える」と残していたとしても、子供たちがそれに不服があった場合、法定の相続権50％のさらに半分の25％までは、もらうことができるのだ。

この制度を見たとき、欲を起こす子供たちもいると思われる。

本来は、夫の資産は、夫婦で築き上げられたものなので、もし夫が先に死ねば、残りは妻が全部受け取っても不自然ではない。が、子供たちも、「遺産の半分はもらえる権利がある」「遺言で全部妻に与えると書いてあっても25％もらえる権利がある」となれば、その権利を行使したくなるかもしれない。

が、無理にその権利を行使すれば、相続税的には不利になることを肝に銘じておいていただきたい。

特に、遺産が1億6000万円以下の場合は、妻（もしくは夫）が全部もらえば、相続税はまったくかからないのである。それを無理に子供たちが相続すれば、本来は払わずにすんだ相続税を払う羽目になりかねない。

またどんなに遺産が多くても、妻（もしくは夫）は遺産の半分までは無税で受け取れるのだ。だから、相続税の節税の基本は、まず「配偶者の特権」を最大限に生かすということである。

遺産が1億6000万円以下であれば、全額を妻（もしくは夫）に相続させる。遺産が1億6000万円を超えていれば、半分は妻（もしくは夫）に相続させる。

そしていったん、妻（もしくは夫）が相続した後、次の相続（妻もしくは夫が死亡するとき）には相続税がかからないように、時間をかけて子供たちに分配していけばいいのだ。

子供たちが欲をかいて、自分のもらえる分はもらっておこうなどと考えると、余計な「争族」になりかねないし、なにしろ相続税が高くつくのである。

早いうちから毎年110万円の生前贈与を！

小金持ちの相続税対策の定番として、「毎年110万円の生前贈与」というものがある。

通常、年間110万円を超えるお金の贈与をすれば、贈与税が課せられる。親子や親族といえども年間110万円を超えて金銭や資産価値のあるものを贈与されれば、贈与税の対象となるのだ。

が、逆に言えば年間110万円以内の贈与であれば、贈与税はかからない。

だから毎年110万円以内のお金を贈与することによって、資産を生前贈与してしまおうというのが、この制度である。

資産が何十億、何百億円もある資産家にとっては、年間110万円の控除などはあまり意味がない。が、数千万円から1億円程度の資産であれば年間110万円の控除枠というのは、けっこう大きな意味を持つ。

親族1人に対して、110万円の贈与を10年間続ければ、1100万円もの資産を無税で贈与することができる。

また、この贈与税の基礎控除は「あげる側」ではなく、「もらう側」に適用されるものだ。だから、あげる側は何人にあげても控除額以内であれば贈与税はかからないのだ。

親族がたくさんいる場合は、毎年、たくさんの親族に110万円ずつ贈与すれば、10年もあれば数千万円の資産を減らすことができるのだ。

またあげる相手は親族じゃなくてもいい。まったくの他人であっても、もらった側が年間110万円以内の額に収まっていれば贈与税はかからない。

1億円程度の資産ならば、数年で相続税の免税点まで引き下げることができるはずだ。

これが「毎年110万円の生前贈与」のスキームである。

しかし令和6年度の税制改正によって、この「毎年110万円の生前贈与」が大きく阻

毎年110万円贈与の節税効果大変更！

生前贈与の節税シミュレーション

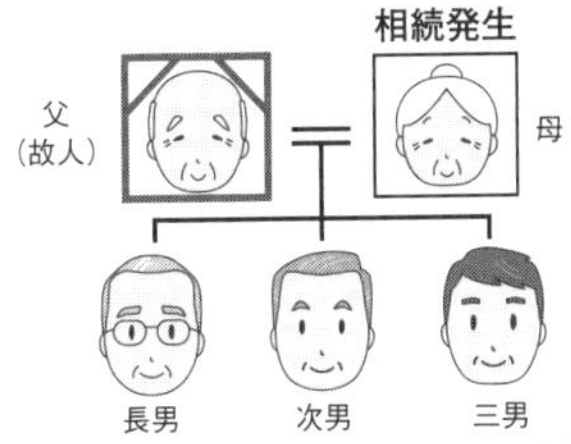

資産 1 億円

子供**3人**（配偶者は既に死去）の親が亡くなり相続が発生したケース

●対策なし

遺産額　**1 億円**　▶　相続税 **630 万円**

341万円お得!

改正前

●3人に毎年110万円を生前贈与し、10年目の2023年に亡くなった場合（3年分が相続財産に加算）

相続税がかかる遺産額　**7690 万円**　▶　相続税 **289 万円**

147万円の増税!

改正後

●2024年から3人に毎年110万円を暦年贈与で生前贈与し、10年目に亡くなった場合（7年分〈4〜7年目は計100万円を控除〉が生前贈与に加算）

相続税がかかる遺産額　**8710 万円**　▶　相続税 **436 万円**

●2024年から3人に毎年110万円を相続時精算課税で生前贈与し、10年目に亡くなった場合

相続税がかかる遺産額　**6700 万円**　▶　相続税 **190 万円**

一番お得!

週刊ダイヤモンド2023年7月15・22日合併号

害されることになった。

どういう改正かざっくり言えば、死ぬ前の7年間に贈与したものについては、相続税の対象とされることになったのだ。

それ以前は、死ぬ前の3年間の贈与が相続税の対象になっていたのだが、それが4年もプラスされ、死ぬ前の7年間の贈与は事実上できなくなったのだ。

だから重い病気になってから、急に贈与を始めても遅いという可能性が出てくる。

かなり以前から、生前贈与を行っておかなければならないということだ。

つまり相続税の節税対策は、早ければ早いほどいいといえる。

ちょっとした小金持ち、2、3億円までの資産ならば、10年もあればだいたい相続税がかからない程度にまで抑えることができる。

しかし死ぬ前の7年間の生前贈与は、相続税の対象資産になってしまうので、死ぬ20年前くらいから生前贈与をし始めておかなければならない。

もちろん自分がいつ死ぬかなどはわからないので、「死ぬ20年前から生前贈与を始める」などできるわけはない。

だから、なるべく早くこの生前贈与を始めることが肝要である。3600万円以上の資産を持っている人は、ぜひ気に留めておいていただきたい。

遺産は家で残せ

前に述べたように、金持ちは高級マンションなどをうまく使って相続税を逃れている。

この手法は、何も金持ちだけの特権ではない。

「普通の人」や「小金持ち」も使える手法である。

何度か触れたが、遺産は金融資産で残すのがもっとも不利である。なぜなら、額面そのままが相続税の対象となるからだ。

が、遺産を「家」で残した場合、相続税の対象としては大きく割引されるのだ。

この手法を使わない手はない。


まず念頭に置いておきたいのは、なるべく「地価が高い土地」つまりは都心近くに家やマンションを持つということである。

これは、「小規模宅地等の特例」と呼ばれるものだ。

330㎡以内の宅地を、死亡した人と同居している親族が相続した場合に適用される。

同居している親族というのは、もちろん配偶者も含まれる。

この330㎡という縛りは、土地の価格は関係ない。

だから、都心部の地価が高いところでも、地方の地価が非常に安いところでも、330㎡以内であれば、8割減となる。となれば、都心部の家を持っていたほうが、相続税のうえでは断然得である。

2世帯住宅を使いこなそう

何度も触れたように、330㎡以内の小規模宅地を相続すれば、土地の評価額が大幅に減額になる。

しかし、これには「同居」という条件があるので、けっこうハードルが高い人も多いはずだ。

が、この「小規模宅地等の特例」は、平成27年の改正により、完全分離型の2世帯住宅も対象とされることになったのである。

これまで、完全分離型の2世帯住宅はこの特例の対象外とされていた。玄関や住宅の一部が共同になっている住宅しか、この特例の対象とはされなかったのだ。

しかし、今回の税制改正からは、玄関が別々で、両家の間が行き来できない「完全分離

被相続人が老人ホームに入居していても「小規模宅地等の特例」が使える条件

次のような理由により、相続開始の直前において被相続人の居住の用に供されていなかった宅地等について、一定の要件を満たす場合には、特例の適用ができるようになりました。ただし、被相続人の居住の用に供さなくなった後に事業の用又は被相続人等以外の者の居住の用とした場合を除きます。

イ　要介護認定又は要支援認定を受けていた被相続人が次の住居又は施設に入居又は入所していたこと

A　認知症対応型老人共同生活援助事業が行われる住居、養護老人ホーム、特別養護老人ホーム、軽費老人ホーム又は有料老人ホーム

B　介護老人保健施設

C　サービス付き高齢者向け住宅

ロ　障害支援区分の認定を受けていた被相続人が障害者支援施設などに入所又は入居していたこと

国税庁ホームページより

型」でもいいということになった。

だから、親がけっこう大きな金を持っている場合は、土地の高い地域で、完全分離型の2世帯住宅を買ってもらい、そこに住むのがもっとも効果的な節税策だといえる。


また「小規模宅地等の特例」の平成27年の改正では「死亡時に老人ホームにいても、入所前に同居していれば、特例の対象となる」ということになった。

この特例は、何度か述べたように、原則として財産を持っている人と、それを相続する人が同居していなくては適用できない。

だから、これまでは、親が高齢のために老人ホームに入所したような場合は、この特例が適用できなくなっていた。

しかし、平成27年の改正により、親が老人ホームに入所したことで、死亡したときにその家に住んでいなかったとしても、介護が必要なために入所したような場合は、適用されることになったのだ。

このように2世帯住宅は、相続税対策としてかなり有効なのである。

相続税の裏ワザ「家なき子」とは？

何度か触れたが相続税では、被相続人（死亡した人）と同居している親族がいる場合、その家の土地の評価額を8割引きにするという優遇制度がある。

たとえば、1億円の家（土地代のみ）を持つ人が死亡した場合、その家に配偶者や子供が同居していたのなら、土地の評価額は2000万円でいいということになる。

この制度は、バブル期に、残された家族が相続税支払いのために住んでいた家を売らなくてはならない、というような事態がけっこうあったので、そういう事態を回避するために、同居していた家族がその家に住み続ける場合は、土地の評価額を8割引きにするということにされたのだ。

しかし、この優遇制度には大きな難点がある。

この前提条件として、

・同居していたこと

・引き続きその家に住み続けること

がある。

この「同居していた家族じゃなければならない」という条件は、けっこう厳しい。親と同居する子供というのは、今時、そう多くはない。だから、この特例を利用できるのは、配偶者や、2世帯住宅に住んでいる子供に限られると思われがちである。

が、実は、この制度には、抜け穴のようなものがある。

必ずしも同居していなくても、この優遇制度を受けられるケースがある。


それは、どういうケースかというと、**「被相続人に同居している親族がいないこと」「親族が自分の家を持っていないこと」**である。

簡単に言えば、持ち家がなく賃貸住宅に住んでいる親族が、故人の家を引き継いだ場合、この優遇制度を受けられるのだ。

典型的なケースでは、故人が1人暮らしで、子供は別のところで賃貸住宅に住んでいる、というようなものである。

こういうケースは、昨今よくあると思われる。

これは**「家なき子制度」**といわれている。

家なき子制度の主な条件は、次の2点である。

・故人と同居していた法定相続人がいない
・法定相続人は3年以上、賃貸住宅に住んでいる

この要件を満たしているような人は、ぜひ「家なき子制度」を忘れないでおきたい。

家なき子制度の改正

前項で紹介した家なき子の制度は、平成30年度に大きく改正された。なので、その改正内容についても、紹介しておきたい。

平成30年度の改正により、次の者は、家なき子制度を受けることができなくなった。

・相続開始前3年以内に3親等の親族等が所有する家屋に居住したことがある者
・相続開始時において居住の用に供していた家屋を過去に所有していたことがある者

つまりは、自分は家を持っていないけれど、配偶者所有の家に住んでいるなどという人は、対象外ということである。

“家なき子特例”が使えなくなるだけで、こんなに変わる！

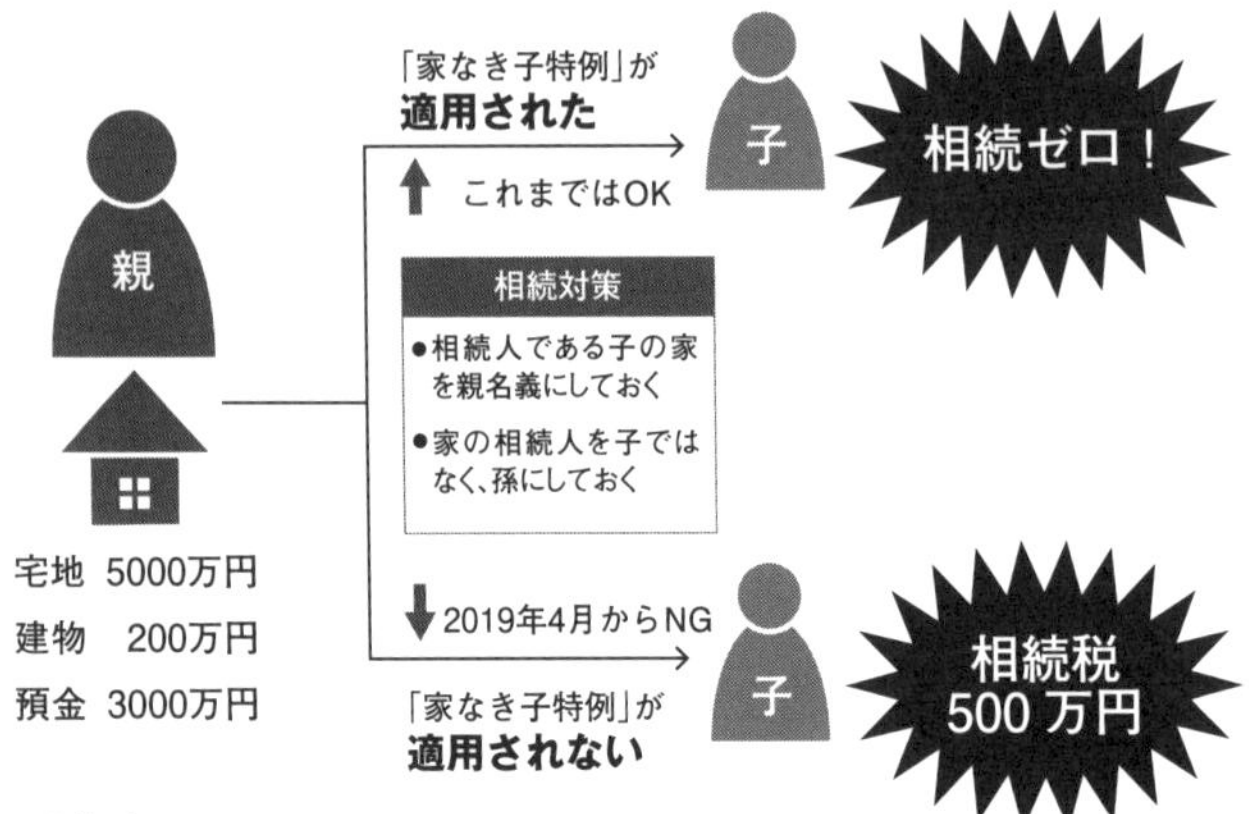

※子供2人のケース

なぜこのような改正が行われたか、というと、自分の持ち家を配偶者の名義にして、自分は家を持っていないということにして、家なき子制度の恩恵を受けようというものや「本当は家を持っているのに、家なき子制度を使うためだけに自宅を親族などに売却する者」などがでてきたからである。

金持ちというのは、本当に意地汚いというか、ずる賢い方法を考え付くものである。

家なき子制度というのは、持ち家のない人が、1人暮らしの親の家などを相続しやすくするための制度である。今回の改正は、その趣旨を厳正に守るためのものだといえる。

親子で貸借契約を結べば家を買い与えられる

親が子に家を購入してあげるような場合、本来は贈与税がかかる。

相続時精算課税という制度を使えば、２５００万円までは無税で援助できるが、これは親が死亡したときには、相続財産として加算しなければならない。

が、ある方法を使えば、無税で親が子に家を購入してやることができるのだ。

それは、「金銭貸借」（金銭消費貸借契約）である。

これを簡単に言えば、「住宅購入資金を親が子に貸す」ということにするのだ。

たとえば、親が子に３０００万円の家を買ってあげたとする。そして、この３０００万円を親が子に貸したということにするのだ。

これは贈与ではなく、貸借なので、贈与税はかからない。

しかし、これは、ただ単に「貸したことにする」というだけでは、不可である。

きちんとした貸借の契約書をつくり、利息もある程度、つけなくてはならない（銀行の住宅ローン金利の一番低い程度あれば十分である）。

親と子であっても、きちんと貸借の契約を結んでいれば、お金の「貸借」として認められるわけだ。

もちろん、返済の実態もちゃんとなければならない。

これは、現金による授受でもいいが、なるべくなら振り込みをしたほうがいい。お金を返したという記録が残るからである。

また借金の返済に関してもちょっとした裏技がある。

何度か触れたが贈与税には110万円の基礎控除があるので、これを使うのだ。

毎年の返済金のうち、110万円は、親から贈与してもらったことにするのだ。

つまり、110万円は実際に返さずとも、返したことにできるのだ。

たとえば、返済額を月9万円としていれば、年間では108万円となる。これを親から贈与してもらったという申告をすれば、毎月の返済は、これで賄える。

また月20万円の返済の場合は、年間110万円分は贈与してもらって残りの130万円だけを返済するという形にしてもいい。ただし、この場合は、必ず贈与税の申告をしなければならない（納税額はゼロになるが）。

要は、世間一般で通用する「貸借契約」をきちんと結び、返済などの記録がきちんと残っていれば、親子といえども、「貸借契約」は認められるということなのだ。

庶民はアパート経営節税をしてはならない

資産家が、アパートやマンションの経営をして相続税対策をしている、ということは前述した。

「相続税対策のためにアパートやマンションを購入しましょう」

という不動産会社の広告も最近、非常に多く目にする。

それらを見て、「自分も相続税対策のためにアパートかマンションを買っておこうか」と思った人も多いのではないだろうか？

が、大資産家ならばいざ知らず、相続税がかかるかかからないかのラインにいる「小金持ち」たちは、このアパート、マンション経営というのは、決して有効な節税策とはいえないのである。

アパート、マンション経営が節税になる最大の理由は、不動産事業用地は相続税評価額が２分の１になるということである。これは、小規模宅地等の特例というもので、２００㎡以下の賃貸不動産用の土地を持っていた場合は、土地の評価額は50％でいいという制度である。

1億円の土地を持っていても、評価額は5000万円になる。

だから、1億円の現金を持っているよりは、1億円の土地を買ってそこにアパートを建てれば、相続税評価額は半分以下になる、ということである。しかもアパートを購入するときに、銀行から借り入れをすれば、その借金は控除されるので、さらに相続税を安くすることができる。

ということで、この節税策に手を出してしまう人も多いのだ。

しかし、これには大きな落とし穴がある。

というのも、アパート経営の土地で、小規模宅地等の特例対象になるものは、200㎡以内である。ということは、それほど大々的なアパート経営をすることはできない。

高い土地であっても、1億円くらいだろう。ということは、減額できる相続財産というのは、5000万円に過ぎないのだ。都心のよほど高い土地であれば、それ以上の値段がする場合もあるが、そういう土地はなかなか売りに出ているものではない。

そして評価額が下げられるのは5000万円程度だったとすれば、相続税率がマックスの55%だったとしても、節税できる相続税額というのは2750万円なのである。

しかし、相続税の税率が55%の人というのは、相続人1人当たり、6億円超えの遺産を

節税策で人気の駐車場に潜む“落とし穴”！

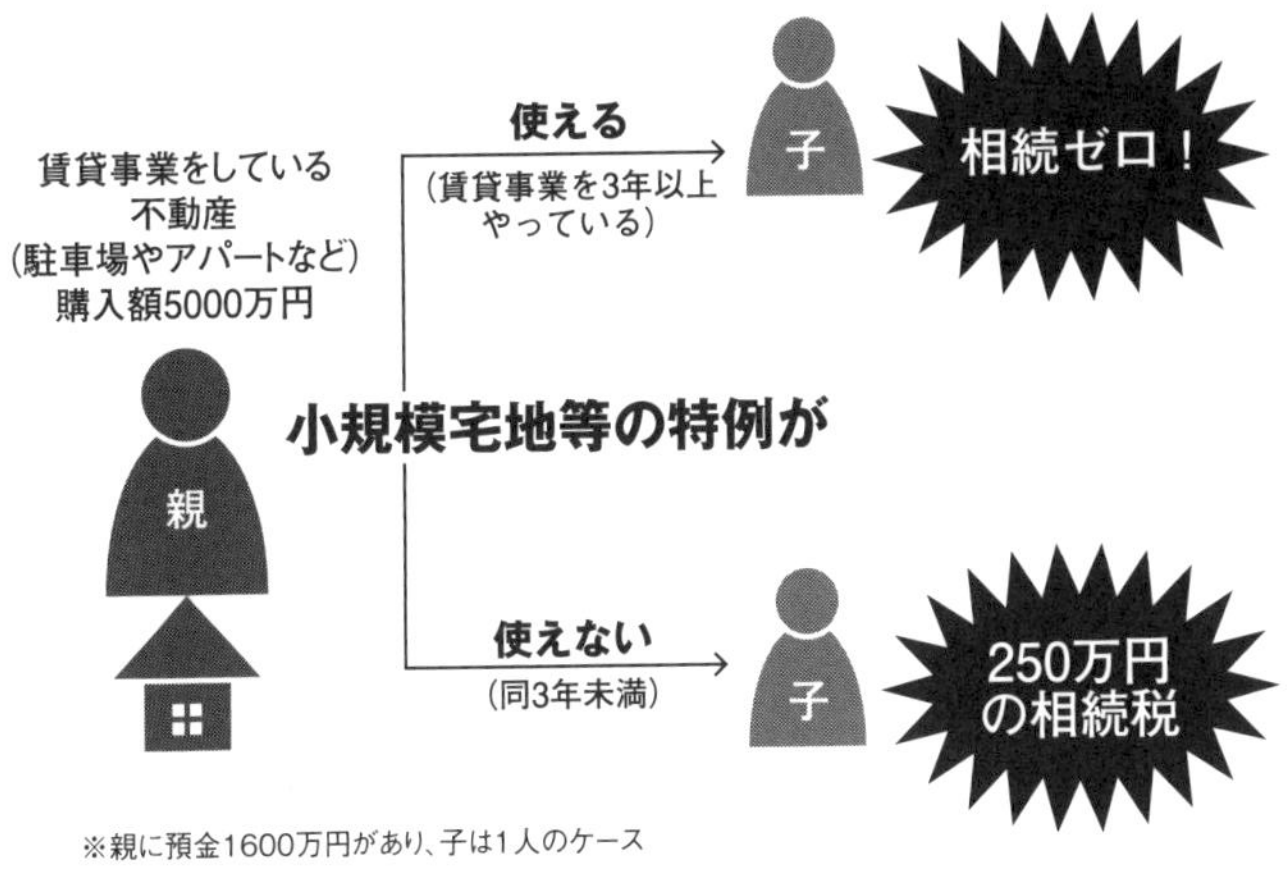

※親に預金1600万円があり、子は1人のケース

もらえる超資産家の場合である。ちょっとした小金持ちの場合は、相続税の税率は高くてもせいぜい20％である。

だから、アパート用の土地を1億円で購入したとしても節税できる金額は、1000万円程度なのだ。

節税できる相続税額は1000万円に過ぎないのに、わざわざ土地を買って、アパート経営をしてしまうと、それ以上に費用がかかる可能性が高い、ということである。

土地を購入して、銀行からお金を借りてアパートを建てて、それで儲かればいいだろうが、今の時代、なかなかアパート経営で儲けることはできない。

1000万円くらいの赤字はすぐに出てしまう。

下手をすると何千万円も資産を目減りさせるかもしれないのだ。

つまりは、節税できる相続税額の何倍も資産を減らしてしまう危険性があるのだ。

そもそも、相続税対策のためにアパート、マンション経営というのは、もともと広くて高額の土地を持っている地主が、相続税評価額を下げるために行っていることなのである。彼らは駅前の一等地などの土地を持っていて、アパート経営自体にも非常に有利なのだ。

ちょっとした小金持ちが彼らの真似をして、アパート、マンション経営などに乗り出すと、なけなしの資産を失うことになりかねないのである。

第8章

金持ちも得になる「富裕税」とは？

金持ちにも三分の理

これまで金持ちたちのずる賢い相続税の逃税について、述べてきた。

何十億、何百億円の遺産を手にしながら、ほとんど相続税を払っていない彼らは、非難されてしかるべきである。

何億円も遺産をもらっているのであれば、最低でも3割程度の税金を払うべきである。

その人の資産というのは、その人だけの力で築いたものと思われがちだが、決してそうではない。

社会インフラ、教育制度、治安の良さなどなど、社会の高い文化性があるおかげで、資産を築けたわけである。

たとえば、いくら能力があったとしても不公正で治安が悪い国に生まれれば、その能力を伸ばすことも発揮することもなかなかできないはずだ。そして世界中にそういう国は、多々あるのだ。

だから日本で莫大な資産を築いた人は、死んだときに最低でもその3割くらいは社会に還元すべきだろう。

それを逃れてきた富裕層たちは、国民から非難されて当然であり、昨今の格差社会は、彼らの不徳さが最大の原因だともいえる。

が、**「盗人にも三分の理」**のことわざもあるように、彼らにも若干の弁明の余地はある。

相続税の徴税方法には、若干の無理があるのだ。

というのも現在の相続税は、一時期に巨額の税金がかかってくるようになっている。取られる側からすれば、それはかなり抵抗があるものなのである。

「何百億円をもらうのだから、その半分を税金で払ってもバチは当たらない」

と一般の人は思うだろう。

だが、いざ自分がそういう立場になったとき、何百億円も遺産をもらったとしても、その半分を税金に取られるのは、釈然としない気持ちもあるだろう。

「税金の取り方については国民の事情や感情に配慮をすべき」

ということは、経済学の基本中の基本でもある。

たとえば経済学の父であるアダム・スミスの『国富論』では、税を課す場合に守らなければならない原則として次の四つを挙げている。

・公平であること
・税金の決め方が明確であること
・納税しやすいこと
・徴税するためのコストが安いこと

この国富論の原則は、近代国家が税制をつくる際の支柱としてきたものである。

この国富論の原則から見れば、今の日本の相続税は若干、外れているといえる。

「公平であること」という観点から見れば、金持ちの遺産に税金をかけることは、その原則にかなっているといえる。「税負担公平」という観点から言えば、相続税はまさにどんぴしゃりの税金だからだ。

が、「納税しやすいこと」という観点からは、少し外れている。

相続税は資産を持つ人が死亡した時点で、遺族は一度に莫大な税金を払わなければならない。税金を払うために、土地などの遺産を売却する必要も出てくる。

遺族にとっては、それはかなり負担だといえるだろう。

そして、この負担を逃れるために、金持ちたちは血眼になって逃税策を施すのである。

アダム・スミスの国富論には次のような文言もある。

「すべての税金は、国民の都合のいい時期に、都合のいい方法で徴収しなければならない。国民が金を持っている時期、支払いが容易な時期に、支払いやすい方法で徴収するということである」

確かに、この国富論の提言は「税務」というものの的を射ていると思われる。

税金には、国民生活や社会経済に大きな影響を与えるもの、その金額だけじゃなく、徴収時期や徴収方法も国民に負担がかからないような配慮をしなければならない、というわけである。

それを考えたとき、今の日本の相続税はちょっと無理があるともいえる。

そしてこの無理があるために、金持ちたちが相続税を逃れようと必死になり、税収にはまったく結び付いていないのである。

「富裕税」とは何か？

そういう相続税の欠点を補う税制として、筆者は「相続税」の代わりに「富裕税」を推奨したい。

「富裕税」

と言われても、ほとんどの人はピンと来ないだろう。

富裕税というのは簡単に言えば、自分の持っている資産などに課せられる税金のことである。

たとえば、「1億円以上の資産を持っている人には毎年、資産に対して1％の税率を課す」というように、である。

日本には、2000兆円にも上る個人金融資産がある。この2000兆円には、不動産その他の資産は含まれていない。不動産等の資産を含めれば、日本人の個人資産は5000兆円以上だと推測されている。

この資産に1％の富裕税をかければ、概算でも50兆円の税収となる。

これは現在の国税収入全額にほぼ匹敵する金額なのである。

資産1億円以下の人は免除するなどをしても、20兆～30兆円の税収は普通に稼げるのだ。

相続税だけじゃなく、消費税までを廃止してもいいくらいである。

また相続税は、資産家が死亡したときに課せられる税金なので、日本全国の資産家のうちのほんの一部にしか税金は課せられない。

しかし、富裕税は資産家全体に広く浅く課せられる「税金」なので、税率が低くても莫大な税収になるのだ。

そして富裕税1％というのは、相続税と比べれば決して高いものではない。

現在（平成27年以降）の相続税は最高税率が55％である。

相続というのは、だいたい30年に一度発生するので、資産家は30年に一度、財産の55％を取られることになる。

しかし富裕税の場合は、実質的に毎年1％しかかからないので、30年間、毎年同額を払ったとしても30％にしかならない。

富裕税のほうが25ポイントも割安なのである。

また富裕税は、相続税に比べれば実質的な負担感も非常に小さい。相続税は一度にごっそり取られるが、富裕税は毎年少しずつしか取られないからだ。

富裕税は言ってみれば**「相続税の分割払い」**ということなのだ。

「相続税の分割払い」

といっても、税収は相続税の何倍にもなる。

相続税はあまりにも一度に多く取り過ぎるので、資産家は、死にもの狂いで節税をする。

だから相続税は税率が高い割には、あまり税収には結び付いていないのだ。

莫大な個人資産が社会に役立てられる

富裕税の最大のメリットは、2000兆円を超える莫大な個人金融資産を社会に役立てることができる、ということである。

「個人金融資産をどうにかして社会に役立てるべき」

という考えは、かなり以前からあった。

国の借金が1000兆円を超えて、それで国全体が青息吐息になっているような状況で、一方ではその倍近くの個人金融資産があるのである。

これは他国から見ても、奇異に映るはずである。

日本は国全体では莫大なお金を持っているのに、なぜ政府は借金まみれで苦しんでいるのか、と。

ただ、この個人金融資産を社会に引っ張りだすのは容易なことではない。

個人金融資産は、個人の持ち物である。これを勝手に国が使うことはできない。国が使うためには、合法的にこの資産を引っ張ってこなくてはならない。

もっとも手っ取り早いのは相続税で取ることである。

しかし、これまで述べてきたように、相続税で税収をあげるのは一筋縄ではいかない。あの手この手で、逃れられてしまうからだ。

何度も言うように、金持ちが相続税を逃れようとする最大の原因は「一度に巨額の税金を課せられること」だと思われる。

相続税の最高税率（平成27年以降）は55％である。

100億円の資産を持っている人が、もし死んだなら、若干の控除分はあるが遺族はその半額近くを税金として払わなくてはならない。

しかし富裕税ならば、この負担感はかなり軽減される。

富裕税を毎年1％払ったとしても、55％の税金を一度に取られるよりはマシである。

つまり富裕税というのは、富裕層にとって相続税を減額して分割払いにしてもらったようなものなのである。

金持ちにとって、**相続税というのは頭の痛い問題**である。

税率が高いうえに、いつ発生するかわからないからだ。

人はいつ死ぬかわからない。

今までピンピンしていた人が翌日、急に死ぬなんてことも多々ある。そのため相続税のかかるくらいの資産を持っている富裕層は常々、税金の心配をしている。富裕税を導入すれば、富裕層はそういう心配から解放されるのである。

富裕層も無理な不動産投資をしなくてすむ

これまで富裕層は、相続税のために無理な節税対策をするケースも多かった。

典型的なのが、不動産投資である。

資産家の多くは、相続税対策のために不動産投資をしている。

資産をお金で残せば、そのお金に直接、相続税がかかってくる。

しかし不動産投資をした場合、資産価値が目減りするので、相続税が若干、安くなるのである。だから儲けなどは度外視して、不動産投資をする金持ちも多いのだ。

が、不動産投資をすれば、自分の資産の価値が減るケースも多いし、自分の思うような資産にはならない。

現金に換えようとすれば手間がかかるし、手数料もかかる。

これらの資産の減価は、年間1%程度ではすまされないケースが多い。

つまり、金持ちにとって、無理な不動産投資をして節税をするより、富裕税を払ったほうがマシということになるのだ。

資産の海外移転も止められる

これは、資産の海外移転にも同様のことがいえる。

何度か触れたように、昨今、富裕層が相続税逃れのために資産を海外に移すというケースが時折見られる。

しかし「資産を海外に移して相続税を逃れる」というのは、実は容易ではない。

税法上、相続税は海外にある資産にも課せられる。

合法的に、相続税を逃れようと思えば、今の税法では10年以上、海外に住むか、国籍を変えるしかないのである。国籍を変え日本国の保護を放棄して海外に飛び出すのは、いくら富裕層でもそうできるものではない。

イギリス系やフランス系の人ならば、海外に母国語が通じる国や地域が世界中にある。だから、課税逃れのために移住ということも比較的容易にできる。

しかし、日本人の場合、母国語が通じるのは、日本だけである。せいぜいブラジルなどにあるリトル・トーキョーくらいである。とはいえ日本とは異文化であり、節税のためにリトル・トーキョーに行く人などはほとんどいないはずだ。

また合法的に資産を移すことが難しいので、税務当局の目を誤魔化して資産を移しているケースも多い。

つまりは脱税である。

脱税というのは、非常にリスクが高いものである。

もし脱税が発覚すれば、35％増しで課税されることになる。日本の国税当局も、海外の隠し資産の摘発には力を入れており、発覚するケースも非常に多い。

もし脱税が発覚しなかったとしても、資産を海外に持ち出そうという場合、手数料やさまざまな経費で年間1％などは軽くかかってしまう。

それを考えれば、海外に資産を移すよりは、富裕税を払っていたほうが安い、ということになるはずだ。

富裕税は「徴税コスト」も非常に低い

また富裕税は「徴税コスト」も非常に低くてすむ。

消費税を増税したり、新たな税金を創設するような場合、徴税コストが非常にかかる。税務署では、消費税の税率は10％として、すべての事務が設計されている。それをすべて組み換えなければならない。

また事業者側も大変である。

事業者は、コンピュータなどにこれまで消費税10％で登録されているのを、全部登録しなおさなければならない。商品の税額表示もすべて書き換えなくてはならない。

また税金というのは、きちんと申告納税されているかどうか、常にチェックしなければならない。税率が上がるとなると、税負担に耐えられずに、申告を誤魔化したり、未納になったりするケースも多発するだろう。それに対処するために、税務当局は多大な人件費、事務費をかけなければならない。

税収を増やすということは、それなりにコストがかかるものなのだ。

しかし、富裕税の場合は、こういう「徴税コスト」がほとんどかからないのである。

不動産資産などは、固定資産課税台帳などですでに把握されている。金融資産も、金融機関に照合すれば、ほとんどが把握できる。

そして、いったん富裕層の資産データを作成した後は、毎年増加分だけをチェックすればいいのである。

つまり、富裕税は、「莫大な税収」が得られるうえに、「徴税コストが低い」という優れものの「税金」なのである。

これを消費税増税のリスクなどと比較すれば、一目瞭然《いちもくりょうぜん》である。

消費税を増税して、景気が腰折れし、格差社会がさらに深刻化した場合、そのリスクは莫大なものがある。

消費税の増税は、国民全部に負担を背負わせるものであり、国民生活は、増税分だけ確実に苦しくなるのだ。もし賃金が上がらなければ、国民は丸損ということになる。

また景気が腰折れした場合の、日本経済全体の負担も非常に大きいものがある。

それを考えれば、消費税の増税はもっともっと慎重になるべき（というより中止すべき）である。消費税の増税を検討するのは、富裕税を実行して、その効果を確かめてからでいいのである。

富裕税の納税者には特典を与える

また富裕税の納税者には、さらなる特典を与えてもいい。

たとえば、富裕税の納税者がもし破産などをした場合は、納税した金額に利子をつけて返還するというような特典である。

なぜ金持ちが税金の負担を渋るかというと、自分の金がなくなったときの心配があるからである。金持ちというのは、一般の人よりも金を失うリスクが大きい。

大金を稼ぐということは、それなりのリスクが伴うものである。事業家にしろ、投資家にしろ、リスクなしではできないことなのである。

だから金持ちというのは、金をたくさん持っているにもかかわらず、金を失うことを非常に恐れているものなのである。

もし自分がすべてを失ったとき、納税したお金に利息がついて戻ってくるとなれば、金持ちにとっては相当、心強いはずだ。

またこの富裕税の還付金は、年金の形態で支払われることにしたり、「負債の返済には充てなくていい」という特典を与えたりしてもいい。そうすれば、富裕税をたくさん納めていれば、どんなことがあっても将来、ある程度のお金を確保することができることになる。

つまり、富裕税の納税額は、いざというときの「保険」になるのだ。当然、納税意欲も高まるはずだ。

こういう特典をつけても、税収に響くことはない。金持ちの中で後に破産してしまうような人は、実はほんの一握りなのである。金持ちが恐れているほど、そういうことは起こらない。

だから富裕税の還付金を払ったとしても、それは微々たるものなのである。

改訂版のためのおわりに

本書は、2018年に刊行された『相続税を払う奴はバカ!』の改訂版である。おかげさまで2018年版は好評をいただいたので、今回、古い情報を更新したり、新たな記事を書き加えたりして改訂版を出させていただいた。

2018年と比べると、2023年現在の世界は大きく変わった。

新型コロナで世界中の経済が停滞し、ウクライナ戦争の勃発により世界的なインフレが発生した。

世界中で生活苦の人々の数が激増している一方で、アメリカや日本などでは歴史的な株高が進行中であり、コロナ以降、史上最高値を何度も更新している。貧富の差はますます激しくなったのだ。

そんな中でも、日本政府は相変わらずの行き当たりばったりである。

増税メガネこと、岸田文雄首相は、サラリーマンへの通勤費にさえ課税を検討するなど、江戸時代よりも過酷な重税を国民に課してきている。その一方で、バカ息子を自分の後継者にしようと画策し、世間のひんしゅくを買っている。このままいけば、岸田首相の莫大な財産は、ほぼ無税でバカ息子に引き継がれることになる。

少子高齢化はいよいよ深刻化しているというのに国民の実質賃金は上がらず、若者の多くは子を持つ余裕すらない。

にもかかわらず、億万長者の資産は激増し続けている。

だからこそ筆者は、もう一度、声を大にして言いたい。

「こんな国に税金を払ってはいけない！」と。

特に庶民が相続税を払うなど、こんなバカバカしいことはない。

バカバカしいというより、この国に税金を1万円払えば、1万円分国が悪くなっていく。だから我々は、国のために税金を逃れなければならないのである。

この本を手に取っていただいたあなたには、ぜひぜひその努力を惜しまないでいただきたい。

2023年秋

著者

[著者略歴]
大村大次郎（おおむら・おおじろう）
大阪府出身。元国税調査官。国税局で10年間、主に法人税担当調査官として勤務し、退職後、経営コンサルタント、フリーライターとなる。執筆、ラジオ出演、フジテレビ「マルサ!!」の監修など幅広く活躍中。主な著書に『増補改訂版　消費税という巨大権益』『完全図解版税務署対策最強マニュアル』『宗教とお金の世界史』『金持ちに学ぶ税金の逃れ方』『18歳からのお金の教科書』『改訂版税金を払う奴はバカ！』『完全図解版あなたの収入が３割増える給与のカラクリ』『億万長者は税金を払わない』『完全図解版相続税を払う奴はバカ！』『完全図解版税務署員だけのヒミツの節税術』『完全図解版あらゆる領収書は経費で落とせる』（以上、ビジネス社）、『「金持ち社長」に学ぶ禁断の蓄財術』『あらゆる領収書は経費で落とせる』（以上、中公新書ラクレ）、『会社の税金元国税調査官のウラ技』（技術評論社）、『おひとりさまの老後対策』（小学館新書）、『税務署・税理士は教えてくれない「相続税」超基本』（KADOKAWA）など多数。

2024年法改正対応版 相続税を払う奴はバカ！

2023年12月１日　第１刷発行

著　者　大村 大次郎
発行者　唐津 隆
発行所　株式会社ビジネス社
〒162-0805　東京都新宿区矢来町114番地 神楽坂高橋ビル5階
電話　03(5227)1602　FAX　03(5227)1603
https://www.business-sha.co.jp

〈装幀〉大谷昌稔
〈本文組版〉茂呂田剛（エムアンドケイ）
〈印刷・製本〉大日本印刷株式会社
〈営業担当〉山口健志
〈編集担当〉本田朋子

ISBN978-4-8284-2578-8

大村大次郎の本

完全図解版

相続税を払う奴はバカ！

知らないと損する！
小金持ちのための節税逃税法

定価　1,320円（税込）
ISBN978-4-8284-2261-9

令和3年度の税制改革大綱も網羅！

遺留分制度、特別寄与料、小規模住宅地の特例など改正された「相続法」の裏をかく。

完全図解版

税務署員だけのヒミツの節税術

あらゆる領収書は経費で落とせる

確定申告編

定価　1,320円（税込）
ISBN978-4-8284-2067-7

税務署が教えない裏ワザ満載！

確定拠出年金や医療費控除など会社員も自営業も確定申告を知らなすぎる！　この裏ワザで誰もが税金を取り戻せます。

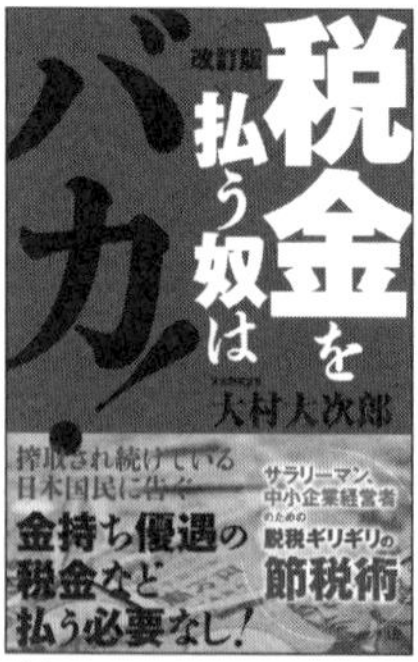

改訂版

税金を払う奴はバカ！

搾取され続けている
日本国民に告ぐ

定価　1,100円（税込）
ISBN978-4-8284-2414-7

金持ち優遇の税金など払う必要なし！

サラリーマン、中小企業経営者のための脱税ギリギリの節税術。

完全図解版

あらゆる領収書は経費で落とせる

定価　1,320円（税込）
ISBN978-4-8284-1801-8

経費と領収書のカラクリ最新版！

中小企業経営者、個人事業主は押さえておきたい経理部も知らない経費と領収書の秘密をわかりやすく解説。